ブランド流通革命

梶原勝美 著

東京 森山書店 発行

は し が き

　本書『ブランド流通革命』が出版されるにあたり，ここにくるまでには長い試行錯誤の物語が横たわっていたことが思い起こされる。

　40年以上にわたり流通研究を試みてきたが，残念なことにその成果は無きに等しかった。幾度となく商品流通の理解を目指し，努力をしたにもかかわらず，相変わらず混乱のもとにあり，なかなか全体像が掴み切れずにいた。諦め掛けていた時に，流通研究へのひとつの新しいアプローチのアイディアが浮かんだ。

　それは商品流通の客体である商品について考え直した時に思い付いたものである。

　これまでのモノ商品ではなくブランド商品の出現と発展という切り口から，新しい流通の説明ができるのではないかと考え，「ブランド流通研究」というテーマの下に研究をまとめ始めたのである。しかしながら，ブランド商品の観点から新しい商品流通の世界観を作るという意気込みをもって始めたのはいいが，暗中模索の中，遅々として筆は進まなかった。

　そんな時，専修大学名誉教授溝田誠吾先生から私の研究はオリジナリティがあるから一日も早く書物としてまとめるようにと背中を押され，単なる流通の研究ではなく，ブランド商品の出現と発展による流通革命が現在進行形で起こっている現状に鑑み，研究をまとめた書名を『ブランド流通革命』と命名し，ブランド商品の観点から日本の流通における革命的な変革の全体像を目指したのである。

　商品をモノ商品とブランド商品とに分け，現在はモノ商品からブランド商品への流通革命が起こっているというまだ誰も唱えていない論を展開したのである。そのためかなりな苦労があったが，流通とマーケティングの研究者として

の集大成となる本書を是が非でもまとめあげようと全てを忘れ頑張った成果が本書『ブランド流通革命』である。

　新たなブランド商品による流通の全体像を構築するのは莫大な知識とフィールドワークを要し，浅学非才の身では必ずしも完全なものとは遠いものとなったかもしれない。多くの勘違い，間違いは今後の課題としたい。全力を尽くしたつもりであるが，本書の評価は，ブランド商品の評価を消費者が行なうのと同様に，本書を読んでいただいた研究者である先生方をはじめ広く一般の読者の皆様方によるものと考えている。厳しくかつ温かい叱咤激励を期待するものである。

　最後に，菅田直文森山書店社長には本書を出版するにあたり言葉に尽くせないほどのお世話になった。ここに感謝の意を記すものである。

平成27（2015）年7月23日

梶　原　勝　美

目　　次

- I　序 …………………………………………………………………………… *1*
- II　ブランド商品流通革命 ………………………………………………… *7*
  - 1　は　じ　め　に ……………………………………………………… *7*
  - 2　モノ商品からブランド商品へ …………………………………… *9*
  - 3　ブランド商品の生成と発展 ……………………………………… *12*
  - 4　ブランドとは何か ………………………………………………… *16*
  - 5　メカニズム・ブランドとは何か ………………………………… *20*
  - 6　擬似ブランド商品の出現 ………………………………………… *26*
  - 7　一次産品のブランド化 …………………………………………… *30*
  - 8　ノー・ブランド商品はブランドか ……………………………… *32*
  - 9　ブランド・メーカーとは何か …………………………………… *34*
  - 10　ブランドと流通機能 ……………………………………………… *36*
  - 11　ブランド商品流通革命 …………………………………………… *39*
  - 12　ブランドと卸 ……………………………………………………… *46*
  - 13　ブランドと小売 …………………………………………………… *49*
  - 14　ブランドと消費者 ………………………………………………… *52*
  - 15　ブランド商品は最高のものか …………………………………… *54*
  - 16　お　わ　り　に …………………………………………………… *60*
- III　PB商品流通革命 ………………………………………………………… *69*
  - 1　は　じ　め　に ……………………………………………………… *69*
  - 2　Ｐ　Ｂ　と　は ……………………………………………………… *71*
  - 3　PB商品のメリット・デメリット ………………………………… *75*

4　ＰＢ商品小史 …………………………………………… *78*
　　　　(1) アメリカのPB商品小史 ………………………… *78*
　　　　(2) 日本のPB商品小史 ……………………………… *80*
　　5　卸ＰＢ商品 ……………………………………………… *82*
　　6　小売ＰＢ商品 …………………………………………… *84*
　　　　(1) 個別ＰＢ商品 …………………………………… *86*
　　　　(2) 統一ＰＢ商品 …………………………………… *88*
　　　　(3) ストアPB商品 …………………………………… *91*
　　　　(4) サービスのストアPB商品 ……………………… *95*
　　　　(5) その他の小売PB商品 …………………………… *97*
　　7　MB商品　VS　PB商品 ………………………………… *98*
　　8　MB商品のPB商品化とPB商品のMB商品化 ………… *100*
　　9　伝統的卸，小売の衰退，消滅 ………………………… *102*
　　10　消費者の変化 ………………………………………… *103*
　　11　PB商品流通革命の新展開 …………………………… *105*
　　12　お　わ　り　に ……………………………………… *108*

Ⅳ　ネット通販流通革命 ……………………………………… *117*
　　1　は　じ　め　に ………………………………………… *117*
　　2　通　信　販　売 ………………………………………… *118*
　　3　ネット通販とは ………………………………………… *120*
　　4　ネット通販の類型 ……………………………………… *122*
　　5　ネット通販のeストア・ブランド …………………… *123*
　　6　ネット通販と消費者 …………………………………… *125*
　　7　ネット通販の発展 ……………………………………… *128*
　　8　ネット通販とブランド企業 …………………………… *129*
　　9　ネット通販　VS　小売 ………………………………… *131*
　　10　ネット・ロジスティックス ………………………… *133*

11　ネット通販の決済 …………………………………………… *134*
　　12　ネット通販の課題と展望 …………………………………… *135*
　　13　お わ り に …………………………………………………… *137*

Ⅴ　ブランド流通革命の機関別・業態別・商品別研究 ………… *141*
　　1　は じ め に …………………………………………………… *141*
　　2　卸 ………………………………………………………………… *142*
　　3　物　　　流 …………………………………………………… *144*
　　4　伝 統 的 小 売 …………………………………………………… *146*
　　5　百　貨　店 …………………………………………………… *148*
　　6　総合スーパー（GMS）……………………………………… *150*
　　7　ショッピングセンター ……………………………………… *152*
　　8　コンビニエンス・ストア …………………………………… *154*
　　9　量　販　店 …………………………………………………… *156*
　　　（1）カメラ・家電量販店 …………………………………… *157*
　　　（2）ドラッグストア ………………………………………… *160*
　　　（3）酒 量 販 店 ……………………………………………… *163*
　　　（4）アパレル量販店 ………………………………………… *166*
　　　（5）そ　の　他 ……………………………………………… *168*
　　10　通 信 販 売 …………………………………………………… *169*
　　11　アウトレット ………………………………………………… *172*
　　12　お わ り に …………………………………………………… *174*

Ⅵ　結 ………………………………………………………………… *181*

索引（事項，企業・店舗，ブランド，アルファベット）……………… *187*

I 序

　現在の日本の流通は革命の真ったださ中にいる。それは流通の対象物，客体である商品が有史以来のモノ商品から，中世末期に端を発し，19世紀後半以降に加速度的にみられるようになった[1]ブランド商品に取って代わられるという長きにわたる流通の革命である。もちろん，この革命は日本だけではなく，グローバルに起こっている。しかしながら，世界中の人々はこの革命に気付いてはいないのである。日本に限っていえば，たとえ気付いているとしても，明確には認識されているとはいえないのである。その証拠は日本の大学で講義されている流通論をみてみれば，容易にわかるであろう。

　これまでの日本における流通論は主としてドイツ商業学の影響を受けたものであるが，長い間講義の内容が変わることなく，ほとんど固定化されたもので，いずれもモノ商品を前提としたものである。私事になるが，その昔，大学時代（昭和40年代）において学んだ流通論のテキストは戦前（第2次世界大戦以前）の商業学のテキストの改訂版や戦後間もなく書かれた流通論のテキストの増刷されたものであった。しかもこれらのテキストは驚いたことに改訂を加えながらいまだに使われているのである。

　元来，日本の流通にはかなりな独自性があり，そのうえ不可思議で理解しにくい非合理的，前近代的な一面があり，その結果，日本の流通は暗黒大陸であるといわれ，長い間，流通近代化の議論が行われてきただけであった。日本における流通論は大店法をはじめとする規制行政，内外価格差，流通系列化といった日本独自のテーマを論じることだけとなり，新たな研究が進展せず，次

第に，ガラパゴス化されてきたのである。

　実は，私が大学，大学院を終え，大学の講師となってはじめて講義を受けもったもののひとつが流通論であった。それ以来今日まで，長年，講義をしながら，悩み続けたことは，これまでの流通論は，流通とりわけ日本の流通を正しく論じたものではないのではないかというものであった。その間，既存のテキストは使わず，自分のテキストも作らず，おかしいとは感じつつ，十年一日のごとく，それどころかもはや三十年以上もそれまでの流通論をベースに若干の新たな見解を加えながら時々のトピックスを交えた講義を繰り返し，正直にいえば，内心忸怩たるものを感じながら今日までお茶を濁してきたのである。幾度となく自分なりに新たな流通論を構築しなければと思いつつ，なかなかその一歩が踏み出せず，時間だけが過ぎ，半ば諦めていた。現在でも本屋に行けばわかるように，何十年前の流通論のテキストが改訂版あるいはそのバリエーションの新刊本として並んでいるので，多分，それらの本は多くの大学で講義の教科書としていまだ使われているものと思い，いわばコピーのコピーばかりなので，これまでの不勉強を棚に上げ，辛うじて安心していたのである。

　いったい，これまでの日本には体系的かつ革新的な流通研究が行われてきたのであろうか。長い歴史を持つドイツ商業学とその後にアメリカで展開されたいわゆるマクロ・マーケティング論との混在した流通研究がわずかに行われたにすぎない。わずかな研究といってもその内容は日本の流通の独自性を強調するものだけであった。

　そのような日本における流通研究の中で，唯一といっていい例外は，昭和37（1962）年から昭和46（1971）年にかけて林周二が著した『流通革命』『流通革命新論』『システム時代の流通』という3部作からなる異色で独自な流通研究[2]だけかもしれない。周知のように林は大量生産と大量消費を繋ぐ新しい流通，すなわち，大量流通について論じたもので，当時の日本がようやく経済の高度成長の結果として大量消費社会に移行した際の流通がスーパーマーケットの誕生，発展に起因した革命であるとみなしているが，彼が論じたのはあくまでもプロダクト（製品）というモノ商品の流通である。

しかしながら，彼のいう流通革命をもたらしたものはプロダクトというモノ商品ではない。というのは，スーパーマーケット（今日の表記では総合スーパーないしは 'GMS'）は大量仕入れによるコスト低下だけではなく，それまでの対面販売からセルフサービスという新たな小売イノベーションを導入して，コストを下げ，低価格で消費者に大量販売することに成功したのである。このセルフサービスが成立するには，消費者が商品のセルフセレクションを行わなければならない。それには単なるモノ商品であるプロダクトでは不可能であり，情報付きのブランド商品の存在が前提となるのである。したがって，彼のいう流通革命はモノ商品ではなくブランド商品の出現と発展によって実現されたものになる。しかしながら，このいわばブランド商品による流通革命についての画期的な研究は残念なことに今日までみられていない。

　その後，時代は大きく変わった。街の景色も大きく変わった。このところ知らないうちに商店街は歯抜けになり，閉店，廃業する商店が続出し，その跡にはコンビニエンス・ストアと100円ショップと携帯電話の店が新たに出店してきただけでシャッターを閉じたままの店も多い。とりわけ地方では駅前の歴史がある老舗の店が並んでいた多くの商店街がシャッター通りとなっている。この変化は目に見えるため誰でも気が付くが，その変化をもたらした根本的な原因は，誰も明確には気が付かないうちに深く静かに進行した商品それ自体の大きな変化である。換言すれば，現在はモノ商品ではなく，ブランド商品の流通の時代となったのである。

　これまで有史以来数千年にわたって，商業，流通の対象物はモノ商品であったが，多くの人々が認識する，しないにかかわらず，現在，急激かつ広範囲に進行しているのはブランド商品の登場と発展による流通の革命である。モノ商品に商人が情報を加えた流通から大きく変化し，当初は生産者である製造業者，そして，現代ではブランド企業が情報を付加したブランド商品を展開するようになった。それが商人の役割を大きく変えたブランド商品の流通をもたらしたのである。この新たなブランド商品の流通はその変化が知らないうちに徐々に進行し，一見静かにみえるが，実は，それ以前のモノ商品の流通とは全

く違う情報付きの商品であるブランド商品の誕生と発展によって，卸と呼ばれる伝統的流通業者が牛耳っていた商品流通を新たにブランド企業が支配するという革命的なものである。しかしながら，前述したように現代社会の中核となったブランド商品の流通についての体系的な研究ないし著作は，残念ながら私の知る限りでは全くない。

　このような現状に鑑み，ブランドおよびブランド・マーケティング研究の長年の成果を踏まえ，改めてブランド商品の観点からの流通研究を試みた。

　生産者，製造業者，そして，メーカーが主導した「ブランド商品流通革命」だけではなく，それへの対抗として流通業者，商業者が主導する「PB商品流通革命」，そして，ブランド商品を前提としてインターネットの出現にともなって20世紀の末から今日までの僅かな期間で急激に発展し，大きなインパクトを与えているインターネットを利用したEC（電子商取引）のネット通販による流通革命，すなわち，「ネット通販流通革命」が起こり，それらの流通革命は現在も継続して進展中であることから，本書における研究，すなわち，『ブランド流通革命』を試みたのである。

　この「ブランド商品流通革命」「PB商品流通革命」「ネット通販流通革命」という3段階の革命からなる流通革命はいずれも情報革命がもたらしたものである。生産者，製造業者，メーカーが商品に情報を付加して創造した新たな商品であるブランド商品の出現と発展によるブランド商品流通革命，そして，それへの対抗軸として流通業者，商業者が商品に情報を付加して創造したPB（プライベート・ブランド）商品によるPB商品流通革命，さらに，ブランド商品の情報をインターネットという新しい情報媒体を利用することで多数の消費者に伝達することから始まったネット通販流通革命，これら3段階にわたるブランド流通革命によって，流通のリーダーシップを握る主体が伝統的な卸からブランド企業（メーカーもしくは流通業者）とネット通販業者へと革命的に変わり，これまでの流通構造と流通行動および消費者行動を大きく変え，急速かつダイナミックに現代の流通を新たなものに作り変えようとしているのである。

　流通近代化が叫ばれ，その後進性が長らく指摘されてきた日本の流通は，今

まさにこれら3段階の革命からなるブランド流通革命のまっただなかにあるのである。

　なお，本書は，流通分析にはグローバルな側面とローカルな側面のふたつの側面があるが，その中のローカルな側面，すなわち，日本の流通を主たる研究対象とするものである。したがって，厳密にいえば，日本におけるブランド流通革命をテーマとしたもので，『日本のブランド流通革命』というべきものである。

---

1. 梶原勝美「再考：マーケティング生成論〈補遺Ⅱ〉」pp.21-46，社会科学年報，専修大学社会科学研究所，2015年。
2. 林周二『流通革命』中公新書，昭和37年；『流通革命新論』中公新書，昭和39年；『システム時代の流通』中公新書，昭和46年。

Ⅱ　ブランド商品流通革命

1　は　じ　め　に

　現代の日本では何から何までブランド化が進展し，店に行けばブランド商品で溢れているブランド社会であるといわれているが，それをもたらしたのはブランド企業[1]のブランド・マーケティングである。それとともにブランド企業が市場に提示したブランド商品を認知，評価，支持した消費者もブランド社会をもたらしたのはいうまでもない。

　このブランド社会を主導したブランド・マーケティングとは実はマーケティングに他ならない[2]。周知のように19世紀の後半の時期に生成された[3]マーケティング，それはモノであるプロダクト'Product'（製品）に情報を付加したブランド商品を創造し，展開するブランド・マーケティングであったにもかかわらず，これまでの約100年以上にわたりモノ商品を前提としたプロダクト・マーケティングとして認識されてきた。長い間，マーケティングは4P（Product, Price, Place, Promotion）にもとづくマーケティング・マネジメント，すなわち，誤解を恐れずひらたくいえば，大量販売の手法，技法であると誤解されていた。しかしながら，ようやくトラウマから解放されたように今日に至ってマーケティングはブランド・マーケティングであると正しく認識され始めたのである。

　ブランド商品の出現と発展は，単にブランドの創造者，展開者であるブラン

ド企業だけではなく，流通業者，消費者を大きく変革するものであった。ブランド商品は新たな情報商品として，従来のモノ商品の生産，流通，消費を大きく変え，流通のリーダーシップと価格決定権が従来の伝統的卸からブランド企業へ移転するという新たな革命を現代社会にもたらしたのである。その原動力はブランド企業のブランド・マーケティング努力とブランド商品に満足し，それを評価，支持した消費者によるところである。もちろん，一部の流通業者もブランド商品という新たな商品の出現に適応しながら今日に至っている。このようなブランド商品の発展は，ブランド概念の誤解や拡大解釈を生みながら，何でもブランドといった社会現象を引き起こすまでになってきている。したがって，ブランド商品の発展は，ブランド企業，流通業者，消費者および社会全体に大きな影響を与えてきたのである。

　多くのブランド企業にとってもはやブランド商品なしでは企業活動が成り立たなくなっているが，その一方，多くの消費者も同様にブランド商品なしでは毎日の生活が送れなくなっている。まさしく現在はブランド社会となってきている。

　したがって，現代はまさにブランド時代である。総合スーパー，コンビニエンス・ストアを見れば明らかなように商品はそのほとんどがブランド商品である。パッケージされたブランド商品はそれ以前のモノ商品の時代に行われていた量り売り，価格交渉といったものを不要とした。実は，革命的なセルフセレクション，セルフサービスという新しい流通革命をもたらしたのは，ほかならぬブランド商品の出現と発展によるものである。

　しかしながら，このブランド商品に基づく新たな流通革命，すなわち，ブランド商品流通革命はこれまで明確にはほとんど認識されてこなかった。それはブランド商品に対する理解不足に起因するものである。そこで，ブランド商品流通革命についての研究は，まず，ブランド商品そのものについての考察から始めることにする。

2 モノ商品からブランド商品へ

　現代はそれまでの時代とは商品が革命的に大きく変わってきているのである。それはブランド商品の登場と発展である。歴史的にみて，商業の発生からつい最近まで，商品といえばすべてモノ商品であった。もちろん，時代とともにモノ商品の生産者と生産方法は大きく変化し，発展してきたが，長い間，商品は相変らずモノ商品のままであった。しかしながら，商品といっても単なるモノ商品ではスムーズな流通ができず，そのため商人がモノ商品に情報を加えて，ようやく卸，小売を経て消費者への流通が実現されていたのである。
　人類の歴史を詳しくみるまでもなく，有史以来，商品ばかりかいわゆる財あるいはモノが相対的に不足する社会が続いていた。そのような中，古代，中世，近世と時間の経過に伴って，経済が次第に発展し，生産者はより多くのモノの生産を試み，その一方，モノを商品として商う商人が生まれ，生産者と消費者を結びつける機能を果たし始めた。
　近世以降の資本主義社会では，当初，生産は生産者，販売は商人と分業化されていたのであるが，生産における革命が起こった。つまり，18世紀には産業革命，そして，19世紀には機械による大量生産が始まったのである。大量生産は規模の経済性を追及し，それを実現したものであり，大量に生産すればするほど，コスト，すなわち，費用が下がるが，そのためには生産したモノであるプロダクトをすべて販売しなければならないのである。そこで，大げさにいえば，人類史上初めて販売の問題が重要となってきたのである。
　新たに出現した大量生産を取り入れた生産者は次第に大規模な生産者へと発展し，製造業者ないしメーカーと呼ばれるようになったが，彼らは従来の伝統的な商人との連携がうまくいかないことを見出した。というのは，従来の伝統的流通組織では，大量に生産したプロダクトを効率よくかつ大量に販売することが困難であり，（せっかく大量生産してコストを下げても）商人のネットワークが多段階で複雑かつ限定されているので，流通マージンが極めて高くなり，消

費者にわたるときには高価格になった。さらに，新製品の場合，それを扱うことができる商人の不在，等々，多くの問題が生じ，生産者，製造業者，メーカーは自ら新たな解決策を試行錯誤の中で探し始めた。その結果，メーカーは自ら販売へ進出し，自らの販売組織を作り，新たな販売方法（セールスマン活動，広告，セールス・プロモーション，割賦販売，等々）を始めるという販売革命を起こしたのである。

彼らは大量生産，大量流通，大量消費という拡大するスパイラルを描いたのである。これこそ後に誤解されてマーケティング革命[4]といわれるものとなるのであるが，それは同時に林周二が描いた無駄な流通を合理化し，大量に生産されたモノ，すなわち，プロダクトを商品として大量に流通させる必要性と必然性とを論じた彼の流通革命論に繋がるものである。

大規模生産，すなわち，大量生産とそれに伴う競争の結果，ブランドを創造し，展開するという真の意味でのマーケティングを開始したのは，生産者，製造業者，メーカーといわれるプロダクトを生産，製造する企業に限定されるものではない。新製品を発明，発見し，それを商品化した創業者だけではなく，既存の一般消費財や産業財の生産者，また，巨大な生産力を持ち，生産市場を支配できうるトラスト企業，さらにまた，モノを作らず，ブランドを創造した個人，企業，流通業者，農業組合，そして，消費組合など多種多様な主体があげられる。このように新たなマーケティングという活動の展開を始めた主体には多様なケースがあるが，いずれの場合も，その中心はブランドの創造と展開である。換言すれば，生産したモノであるプロダクトをそのままでは拡大しつつあった全国市場を構成する最終需要者である消費者に販売することが難しいことを理解したのと同時にそれはまたひとつの大きなチャンスでもあると認識したのである。

そこで，試行錯誤の末，プロダクトに初めは名前を付けたことから始まるが，次第に多くの情報を付加し，ブランドを創造したのである[5]。ここに，従来のモノ商品だけではなく，新たにブランド商品が出現したのである。これが今日まで続くブランド商品流通革命の原点となるものである。

アメリカでは1870年に商標法が制定され，商号（トレードネーム），商標（トレードマーク）が保護されることとあいまって，消費者に販売するには単なるモノ商品であるプロダクトではなくブランド商品が重要であると急速に認識されるようになったのである。

　このブランド商品は製造業者が創造したものが大部分であるが，流通業者が創造するものもあり，その他にも「サンキスト」のように農業組合が創造するものもあり，「CO-OP」のように消費者の団体が創造するものもあり，いずれにせよ，広域市場ないしは全国市場を構成する消費者大衆に販売するにはモノ商品ではなく，ブランド商品が必要かつ重要となったのである。

　アメリカを例にとれば，醸造ブランド商品がすでに展開されていた[6]が，19世紀後半に入ると，大量生産により大規模化した製造業者ないしメーカーと（西漸運動の結果，全米中にわたり増加した）消費者との距離は急激に拡大し，それを埋める何かが必要となった。その解決がブランド商品の登場である。試行錯誤の末，企業は情報を付加したブランド商品を創造し，それを消費者に展開し始めたのである。換言すれば，19世紀の後半から20世紀初頭にかけて，多くの企業はブランド商品の創造，展開を始めたのであった。ブランド商品，すなわち，「コカ・コーラ」に代表される一般ブランド商品とミシンの「シンガー」に代表されるメカニズム・ブランド商品[7]の誕生である。

　このブランド商品にはパッケージの発展により，次第に多くの情報が付加されるようになり，その結果，情報が重大な意義を持つようになった。換言すれば，ブランド商品は情報化社会の第一歩を導いたパイオニア，先駆者だといえる。しかしながら，ブランド商品の情報に反応して，その是非を判断，評価するのは，究極的には，市場における消費者であり，企業が創造したブランド商品がブランドとなるには消費者の評価と支持が必須のものであるのは言を俟たないことである。

　一度ブランド商品の情報に好意的に反応し，評価，支持した消費者は，次第にブランド商品のモノの部分にはあまり反応しなくなり，情報の部分に強く反応するようになったのである。ブランド・ロイヤリティを持つ消費者の誕生と

情報消費の始まりである。コーラではなく,「コカ・コーラ」を,お茶ではなく,「お～い,お茶」を,ハンドバッグではなく,「ルイ・ヴィトン」を,すなわち,モノ商品ではなく,ブランド商品を欲する大量の消費者の出現である。

　知らないうちに,われわれ消費者は,ブランド時代のなかに埋没し始めたのである。小売店に行けば,数え切れないほどのブランド商品が並べてあり,その洪水の中に溺れそうになっているのである。これがブランド商品による流通革命であり,ほとんど明確な認識はされていないが,現在でも広くしかも深く進行中である。もちろん,現在でもモノ商品は存在しているが,それは次第に少数派となり,100円ショップで売られている商品,八百屋で売られている野菜,魚屋で売られている魚といった限られた商品に限定されつつある。

　このようにブランド商品の出現と発展は,情報商品と情報消費の幕開けであり,それは流通のリーダーシップを変え,流通構造と消費者行動を大きく変えることとなったブランド商品流通革命の始まりである。

3　ブランド商品の生成と発展

　ここではモノ商品に代わり現代の商品の主流となってきたブランド商品の生成と発展から論を起こすことにする。

　古代,中世,近世にはブランド商品は存在しない[8]。もちろん,ブランド商品はかなり早く中世末期にはすでに醸造ブランド商品として誕生しているのは事実[9]であるが,多くの一般ブランド商品,メカニズム・ブランド商品の誕生は主として19世紀以降である[10]。というのは,ブランドをブランドたらしめているのは,均一で標準化されたプロダクトの大量見込み生産の出現と企業によるブランドの創造,展開の開始および市場における不特定多数の消費者の登場である。大量生産についていえば,機械による大量生産より早く中世末期にはすでに大規模な醸造生産がみられるようになっていたが,他方,消費者の登場は見方によればそれよりかなり歴史を遡るものである。

　古代には明らかに小麦（穀物）,オリーブ油,塩,等々の人間生活に欠かすこ

とのできないモノの交易があり，それらのモノは当時の不特定多数の市民の間に広く商品として流通されていたといわれているが，商品といってもいずれもがモノ商品であり，印（しるし）はなく，いわば無印の商品が対面販売で量り売りされていたものである。ちょうど今日の消費者が（少なくなりつつあるが未だ存在している町の）八百屋で野菜を買うようなもので，ブランド商品ではない。

　もちろん，古代，中世，近世にも印が付加された商品はあるにはあったが，その商品の消費者（最終需要者）は，少数かつ特定の特権階級の人々であり，売手である商人との交渉の中で多くの問題は解決されうるし，あるいはたとえ購買後に問題が起こった場合でも，売り手と買い手の間で解決が可能であった。したがって，それらのモノ商品になんらかの印が付加されていたとしても，いずれも歴史の中に消滅し，現在まで継続されてはいないので，今日のブランド商品と同じものであるとか源のひとつであるとは必ずしもいえない。

　古代のモノ商品は原則として農産物や自然物採集からのモノや王侯貴族を飾る貴金属，宝石などであり，たとえ加工が加えられたとしても一部の例外的なモノを除いては，その加工度はかなり低いものであった。また，商品として売買される場合もあったと思われるが，多くのモノは自家生産や（王侯貴族の場合）自己使用のために隷属している職人に作らせたものでそれらは必ずしも商品とはいえない。

　したがって，古代社会にはブランド商品はその必要性もなく，基本的には存在していなかったと考えられる。中世，近世の生産は，基本的には職人生産であり，一品ごとに違うモノであり，必ずしも規格化，標準化，均一化されたものではないので，それぞれが異なるモノ商品であり，たとえ何らかの印が付いていてもそれだけではブランド商品とはいいがたい。確かに商品に付された印は，出所の表示かもしれないが，それは生産者がその顧客に示すものにすぎない。しかも近世までの生産者にとっての顧客とは，現代とは違い，卸もしくは小売に相当する商人であり，一般消費者大衆ではない。つまり，生産者から仕入れた商人が，量り売りで，一般の消費者にモノ商品として販売していたのである。

ブランド商品の源のひとつであるといわれているウイスキーを例にあげれば，生産者がウイスキーを樽に詰め，それに焼印を付けたのがブランドの始まりといわれている。このウイスキーとほぼ同様なことが，日本酒についてもいえる。このウイスキー，日本酒はいずれも生産者から多くの中間商人を経て，最終的に消費者へ量り売りされるという流通であり，樽に焼印が付されていたり，印の付いた薦被りであったとしても多くの消費者はモノ商品としてウイスキー，日本酒を消費したのであり，ブランド商品という認識は当初はほとんどなかった。

　しかしながら，次第にそれらのなかからいくつかのブランド商品が誕生し，その一部のものは今日まで生き残り，有名なブランド商品になっている[11]。アメリカにもすでに産業革命以前の18世紀には，醸造ブランド商品の萌芽がみられ，それがアメリカにおけるブランド商品の端緒，生成ということになるが，それらのブランドは今日まで生き残っておらず，アメリカにおける現在まで継続している最古の醸造ブランド商品は20世紀に入って創造されたバーボン・ウイスキーの「ジム・ビーム」ということになる[12]。

　それまで遅れた資本主義国家であったアメリカを例に取り論じてみれば，19世紀半ば以降急速に経済発展し，消費者の所得が上昇し，その結果，大衆消費市場が諸外国よりいち早く出現し，その拡大する消費者市場の需要の増大に対応するように機械による大量生産が生まれ，発展したのである。生産者ないし製造業者は，その生産物であるプロダクトの売れ行きに当然反応する。売れ行きが拡大すれば，それに応じて生産を拡大する。機械生産を導入し，大量生産を開始，発展させ，製造コストを下げ，消費者への価格も下がることになる。そうなると，消費者市場はさらに拡大する。このような拡大サイクルが出現したのである。この急激な生産の発展と消費の拡大は，それを埋める流通に販売という大きな課題を投げかけたが，結局，その解決を流通業者である商人に依存するのではなく，生産者，製造業者，メーカー自らが試行錯誤の中で求め始めたのである。

　生産の拡大と消費の拡大により，両者のギャップは急速に拡大した。しかも

市場はアメリカの全土にわたる広大な領域に広がっており、その上、その領土は急速に拡大した[13]。このようなギャップを埋め、生産者、製造業者、メーカーにとって新たな市場を構成する消費者に対する販売の問題解決をもたらしたものが、単なるプロダクトというモノ商品ではなく、それに必要な情報を付け加えたブランド商品の創造、展開の開始ということになる。ここにブランド商品が世界に先駆けてアメリカに本格的に登場することになったのである。

したがって、ブランドの生成とは、アメリカの事例研究[14]からいえば、（主として）生産者、製造業者、メーカーがモノ商品の生産から新たにブランド商品の創造、すなわち、モノの生産からブランドの創造と展開という新たな活動を開始したことになるのである。MB（メーカー・ブランド）商品という新たな情報付きの商品の誕生である。さらに厳密にいえば、ブランドの生成とは、（主として）企業がブランド商品の創造、展開を開始し、市場における消費者の支持を得て、それに成功することになる[15]。

当時生成されたMB商品のあるものは、「アイボリー」「コカ・コーラ」「ナビスコ」「ラッキー・ストライク」「シボレー」などのように不死鳥の如く今日まで生き残っている。もちろん、アメリカのブランド商品だけではなく、たとえば、日本の「白鹿」「キッコーマン」、アイルランドの「ギネス」などのようなMB商品がアメリカよりも時期的に早く生成、発展をみせていることもあげることができる[16]。いずれのMB商品も消費者の評価と支持を得たものであり、ブランドの発展はほかならぬ消費者次第ということになるのである。したがって、ブランド商品の発展は、それを創造、展開した企業と消費者との合作によるものといえるのである。

このように多くのMB商品というブランド商品が出現し、発展してきたが、それは同時にモノ商品の時代に卸という流通業者が握っていた商品流通のリーダーシップをブランド商品の創造、展開を始めた生産者、製造業者、メーカー、すなわち、ブランド企業が彼らから奪い取ったということであり、それはほかならぬブランド商品流通革命の幕開けとなるものである。日本では19世紀後半に始まったアメリカよりかなり遅れて、ようやく1960年代ごろにブ

ランド商品流通革命の時代を迎えたことになるのである。

4　ブランドとは何か

　最近，ブランドは日常用語化して，商品だけではなく何から何まで対象に関係なくブランドが使われ，イメージ的に理解されている。その結果，多くの誤解と混乱が生じてきている。多くの人にブランドとは何かと問いかければ，その答は多分「ルイ・ヴィトン」「コカ・コーラ」のようなものということになるであろう。もちろん，「ルイ・ヴィトン」「コカ・コーラ」はブランド商品であることは間違いのないことであるが，トイレット・ペイパーや爪楊枝にも「スコッティ」や「やなぎ爪楊枝」というブランド商品があるというと驚く。

　そこで，ブランド商品流通革命を論ずるにあたり，まず，その基本となる重要な用語であるブランドについて，明確な定義をしなければならない。多くのマーケティング研究者やブランド研究者は，各々ブランドの定義をしている[17]が，いずれもブランドの本質を表す一般的，普遍的，ユニバーサルなものではなく，ブランドのある特定の一面を表すものであり，その結果，ブランド理解の混乱を招いている。もちろん，それらの定義は必ずしも間違いではないが，十分なものでもなく，いわばそれぞれは帯に短し，襷に長しといったものであり，そのため新たなブランドの定義が必要となる。

　当初，「ブランドとは，プロダクトというモノに情報を付加した総体である」と考えていたが，研究が進展するに従い，「サンキスト」のような一次産品の農産物をブランド商品として認めると，新たな説明が必要となる。換言すれば，工場生産されたプロダクト（製品）だけではなく，「サンキスト」のような標準化，均一化，規格化された農産物もブランドの範疇に含めても十分な説明が可能になるような新たな一般的，普遍的，ユニバーサルなブランドの定義が求められるといえよう。さらに，第三次産業のサービス商品について考えてみれば，本来，サービスは提供する人により様々でばらばらなものであるが，そのサービス商品を標準化，均一化，規格化した「マクドナルド」のようなブラ

ンド商品も認めなくてはならない。そうなると，これまでの工場生産されたプロダクトだけではなく，一次産品も，また，第三次産業のサービス商品も加え，それらのいずれにも適応できるようなブランドの定義にならなければならない。

そこで，新たな定義は，「ブランドとは，標準化され，均一な規格品という『モノ』や『サービス』に情報を付加したもの」となり，ブランド商品はこれまでの単なるモノ商品やサービス商品とは全く異なる新たな商品といえるのである。このブランド商品という新たな商品がブランド流通革命をもたらしてきているのである。

古代，中世，近世といった時代における商品に何らかの印が付いているものは，一見すれば今日のブランド商品と同じようなものであると思われそうであるが，その商品の生産は多くが職人によるものであり，一品ごとに違いがあり，手作りの味があり，たとえ実用品を超えた芸術的な価値があるとしてもそれらは，必ずしも標準化，均一化された規格品ではなく，ブランド商品とみなすことができない。たとえば，「ルイ・ヴィトン」のように，今日のブランドの源を訪ねれば，そのルーツとして過去の職人生産に辿り着くことは十分考えられるが，「ルイ・ヴィトン」が真のブランドになったのは生産様式が従来の職人生産から機械による大量生産へと変わり，多くの標準化，均一化された規格品が生産されるようになる1970年代末以降のことになるのである[18]。

工場生産が始まると次第に標準化，均一化，規格化された商品には印が付くようになったが，ただ単に印が付けばブランドとなるわけではない。ブランドとは対象市場の消費者に対する単なる印以上の情報の創造と付加がなされたものである。

したがって，ブランドの再定義は一次産品やサービス商品も考慮して，次のように表されることになる[19]。「ブランドとは，(標準化，均一化，規格化された)モノやサービスに情報を付加して，創造したものである。」

もちろん，ブランドを創造する主体は，多くの場合，企業ということになるが，例外的に必ずしも企業ではない農民の団体である農協とか消費者の団体で

ある生協のような組合組織あるいは個人がそれに相当する場合もある。主体が誰であるかにかかわらず，いずれにせよブランドになるかならないかの最終判断は，市場における消費者が行うのである。企業がブランドを創造し，市場で展開を始めたとしても，消費者がブランド商品ではなく，モノ商品として認識したならば，それはブランド化に失敗したことになり，ブランド商品とはならない。したがって，ブランド商品になれるかなれないかは市場における消費者が究極的には決めるのである。

そこで，「ブランドとは，企業（および農協や生協などの組合組織もしくは個人）が（標準化，均一化，規格化された）モノやサービスに情報を付加して，創造したものを市場における消費者が『ブランド』として認知，評価，支持したものである。」と定義し直すことが出来るであろう[20]。

このように考えると，ただ単にブランドの創造者，展開者としての企業がモノ商品やサービス商品に印とかロゴとかいった情報を付加したものを市場で展開することだけでは，それはブランドとはいえない。換言すれば，ブランド商品を創造し，市場において展開し，それに成功（市場の消費者のブランドとしての認知，評価，支持を得ること）して初めてブランドといえるのである。

ここで提示し直したブランドの定義は歴史的にみて，誕生期におけるブランドから今日のブランド，そして，おそらく今後誕生するであろう将来のブランドについて，また，地理的にみて世界のどの地域のブランドにおいても妥当する一般的，普遍的，ユニバーサルなものであると思われた。しかしながら，研究が進展するにしたがい，ブランドは企業と消費者の双方向的なものであると理解が進み，その結果，再度，再定義が必要になったのである。

そこで，本書における最終的な定義は次のようになる[21]。

「ブランドとは（標準化，均一化，規格化された）モノやサービスに情報を付加して，創造し，展開したものを市場における消費者や流通業者が『ブランド』として認知，評価，支持するのはもちろんのこと，消費者，流通業者，社員，マスコミなどの関係者がさらに情報を追加，付加し，共（に）

創（造）されたものである。」

　しかしながら，次第に個々の商品ブランドだけではなく，企業自体をブランド化した企業ブランドが出現してきている。たとえば，「トヨタ」「ソニー」「パナソニック」などであり，そのほかにも「伊勢丹」「セブン-イレブン」「ユニクロ」といった流通企業のストア・ブランドも確立されてきている。しかも，「サントリー・ボス・カフェラッテ」というように，企業ブランド，商品ブランド，アイテム（品目）ブランドというようなトリプル・ブランド表示も現れてきて，ますます混乱をみせている。しかしながら，企業ブランドは厳密にいえばブランドではなく，それは一種の商品ブランドの冠情報をなすものと考えるべきである。また，アイテム・ブランドについては商品ブランドのバリエーションとみなすべきものである[22]。

　このようにブランドは複雑に展開されてきており，その結果，ブランド理解はますます混乱してきているのが実状であるため，研究を進めるにあたり，前述した定義だけではなく，図表1「商品分類」[23]，図表2「ブランドの主体別分類」および図表3「ブランド分類」で示されるように，ブランドの正しい理解をしなければならない（なお，「メカニズム・ブランド」，「MB《メーカー・ブランド》」，「PB《プライベート・ブランド》」については後述する）。

図表1　商品分類

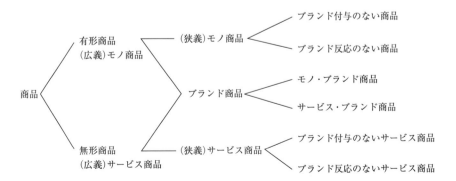

図表2 ブランドの主体別分類

図表3 ブランド分類

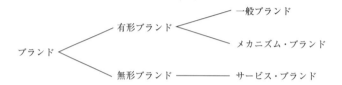

したがって，ブランドの厳密な理解が求められるが，本書で記述するブランドは，特別の場合を除いては，ブランドの代表としての一般ブランドを意味するものである。また，市場の消費者によってブランドとして認められ，彼らの評価と支持を得るというブランド化に成功した商品をブランド商品と認識するものである。

5　メカニズム・ブランドとは何か

ブランドについてさらに考えてみると消費者の態度，反応により，複数のカテゴリーを設定すべきことが次第に明らかとなった（図表3「ブランド分類」，参照）。まず，有形ブランドは大きく2つのカテゴリーに分かれ，ひとつは，一度消費者がブランド商品を評価すれば，ブランド企業の大きなマーケティング上のミスがなければブランド力が永続する，たとえば，「コカ・コーラ」「キッコーマン」のような一般ブランドあり，そして，もうひとつは，たとえ強力なブランド力を持ったとしても，たとえば，テレビの「RCA」，ソニーの「ウォークマン」，インスタント・カメラの「コダック」のように，ブランドが消滅ないしブランド力が急落するようなメカニズム・ブランドである。

ここで，後者のブランド，すなわち，「RCA」「ウォークマン」「コダック」などをその特徴からメカニズム・ブランドと名付けたが，以下に若干の考察を試みることにする。

周知のように日本における広告宣伝費のランキング上位は，トヨタ自動車株式会社，本田技研工業株式会社，パナソニック株式会社，ソニー株式会社といった日本を代表する巨大企業が常連となっている[24]。これらの巨大企業が展開している「トヨタ」「ホンダ」「パナソニック」「ソニー」といったブランドは，これまで日本を代表するグローバル企業ブランドとみなされてきている。それらの企業ブランドのように，大量広告を行えば，販売，すなわち，売上がアップし，それがそのまま日本の優れたマーケティングとみなされてきたのである。こうした大量広告の多くは，いわゆるプロダクト・マーケティング論ではマーケティングと認識されているが，ブランド・マーケティング論では必ずしもそれはマーケティングではない。多くの場合，それは，単にプロダクトを売るための広告，すなわち，販売活動にすぎず，マーケティングではない。

自動車，家電といった広告宣伝費の多い企業が展開するブランドは，メカニズム・ブランド商品であり，一般ブランド商品とは明らかに異なる特徴をもっている。それは消費者がそれぞれのメカニズム・ブランド商品に対する態度である。メカニズム・ブランド商品はその商品特性により，複雑なメカニズムをもつ商品である。たとえば，ほとんどの消費者は，なぜ自動車（クルマ）が走るのか，そのメカニズムについてはユーザーと呼ばれる消費者の多くは理解していない。彼らにとって自動車は基本的に走ればいいのである。また，なぜテレビが映るのか，そのメカニズムは専門家以外の人は，知識がないために理解ができない。消費者にとってみれば，見たい番組が映れば，基本的にはそれでいいのである。換言すれば，消費者はメカニズム・ブランドに対し，ますます複雑になってきているメカニズムを理解しなくとも彼らが要求する基本的機能が手軽に満足のいくレベルで果たされることを第一に要求しているのである。

このようにメカニズム・ブランド商品の核をなすのは，メカニズムによってもたらされる機能であり，それは科学，技術の発展により日進月歩的に発展す

るものである。新製品のブランドとして市場に登場した当初，多くの消費者はメカニズムについての十分な知識と判断能力がないため，最初に受容したパイオニア・ブランドの情報に強く反応することになる。それが著しい場合には，たとえば，ソニーの「ウォークマン」のように，ブランド名＝商品名となることがあり，多くの消費者が強いブランド・ロイヤリティを持つようになる。ところが，常に，競争が存在し，たとえ特許等の法的保護があったとしても，それをクリアした追随ブランド商品ないしイミテーション・ブランド商品が続々と市場に登場する。技術のイノベーションが起こり，次第に，どの企業のメカニズム・ブランド商品も機能的には差異がみられなくなる。

　換言すれば，競争の結果，ほとんどのメカニズム・ブランド商品は品質，性能が上がり，市場の拡大と大量生産が始まり，生産コストが下がり，価格も下落し，消費者の間に広く普及し，一般化し，最近いわれているようにコモディティ化が始まるのである[25]。たとえば，デジタル・テレビで進行しているように，かつて「ソニーのブラビア」「パナソニックのビエラ」という日本が誇っていたテレビのグローバル・ブランドがその地位を韓国の「サムスン」「LG」に取って代わられたのである。つい数年前にはテレビの価格は1インチ1万円といわれていたが，最近では10インチ1万円を切るものまでみられるように価格競争が激化し，消費者のブランド・スイッチが起こったのである。それはまた消費者の購買行動がブランド志向から価格志向へと大きく変わり始めた結果である。換言すれば，グローバルにみて消費者がメカニズム・ブランド商品に対する態度を大きく変え，新しい技術や情報の付加がなく，相変わらず同じような情報を発信し続けた企業ブランドの「ソニー」「パナソニック」からほぼ同レベルの機能とより安い価格の訴求に成功した「サムスン」「LG」にブランド・スイッチをしたことに他ならない。

　メカニズム・ブランドとは造語である。ブランド・マーケティング研究の中から必要に迫られて，造り出した新しい言葉である。通常，ブランド商品はモノであるプロダクトに情報を付加したものである。その付加された情報に多くの消費者が反応するものがブランドとなるのである。ところが，多くの研究者

ばかりか消費者もメカニズム・ブランド商品を何らためらいもなく一般ブランド商品と同様のブランド商品とみなしているが，メカニズム・ブランド商品は，創造されるブランド情報より，そのブランドのプロダクトの部分，すなわち，メカニズムの機能・性能が重要な意味をもつものである。たとえば，自動車を例にとれば，燃費がリッターあたり1キロのメカニズム・ブランド商品とリッターあたり32キロのメカニズム・ブランド商品とでは，その差異は誰でも明らかに判断がつく。燃費ばかりかその他の機能・性能についても，その多くは数値で表示ができ，消費者にとって容易にその差異がわかるものである。したがって，基本的には自動車のメカニズム・ブランドは技術の成果である機能・性能の差異，優劣が消費者にとって判断しやすい。もちろん，自動車だけではなく，家電，時計，カメラなどその他のすべてのメカニズム・ブランド商品も同様である。

このように付加された情報よりプロダクトに内在するメカニズムの機能に消費者がより強く反応するブランド商品をメカニズム・ブランド商品と名付け，モノとしてのプロダクトの機能・性能の差異が見分けにくい一般ブランド商品と区別したほうが明確になると考えたのである。そもそもメカニズムとは，機械の装置，仕組みを意味するものであり，したがって，メカニズム・ブランドとはそのプロダクトの部分に機械の装置が組み込まれているものを意味し，（家具などメカニズムのない商品を含む）耐久消費財という概念とは明らかに異なるものである。そうなるとプロダクトの部分に機械装置のないものが一般ブランドということになる。

したがって，同じブランド商品といっても，メカニズム・ブランド商品と一般ブランド商品とでは大きく異なるものである。両者は共に消費者に満足を与えるものであるが，前者のメカニズム・ブランド商品はその与える満足がプロダクトに内在する機械装置ないしはシステムの機能・性能として数値で示すことができるが，その一方，後者の一般ブランド商品，たとえば，「コカ・コーラ」と「ペプシ・コーラ」の味の違いをはじめとして消費者に与える満足を数値化することは不可能である。その結果，メカニズム・ブランドと一般ブラン

ドとは明らかに異なる存在といえるのである。

　前述した「ウォークマン」のように，世界中に新たに創造したメカニズムと音楽を持ち歩くという画期的なライフスタイルの情報を発信し，パイオニア・ブランドとして，消費者の評価と支持を得，圧倒的なブランド力を持ち，辞書[26]にも載るようになったグローバル・ブランド商品が，その後，「iPod」の追撃にあい，いまではかつてのブランド力を発揮できずにいる。世界中の多くの消費者がブランド・スイッチをしたのである。

　繰り返しになるが，有形のモノ・ブランドはひとつのカテゴリーではなく，図表3に示したように一般ブランドとメカニズム・ブランドとの二つのサブ・カテゴリー（ここではサービス・ブランドについての説明は省略する）に大きく分けられると再認識し直すべきものである。

　メカニズム・ブランドはその機能・性能が数値で表されることができるゆえに，消費者がいともたやすくブランド間の優劣を判断することができる。その結果，前述のようにアメリカ市場では，「RCA」から「ソニー」へ機能・性能の差によって，その後，生産技術の進歩，IT化の進展により，テレビのブランド間にはほぼ機能・性能に差異がみられなくなると価格の差によって，「ソニー」から「サムスン」「LG」へとブランド・スイッチが起きたのである。次第に，「サムソン」「LG」は価格競争力だけではなく，機能・性能についてもその他のブランド商品を凌駕し始めている。メカニズム・ブランド商品の興亡はテレビだけではなく，多くのメカニズム商品の分野にみられている。たとえば，かつてグローバル・トップ・ブランド商品といわれたカメラの「コダック」「ポラロイド」，携帯電話機の「ノキア」などがその一例である。

　一方，一般ブランドの「コカ・コーラ」「キッコーマン」など高いロイヤリティを持つ強力なブランド商品は競争に対して常に優位性を持ち，市場での生命が永続している。それらの一般ブランド商品と比べてみれば，メカニズム・ブランド商品は独特な存在である。というのは，「コカ・コーラ」と「ペプシ・コーラ」を目隠しをして，どちらがおいしいかと問われれば，ある消費者は「コカ・コーラ」にブランド・ロイヤリティを持っていながら，「ペプシ・コー

ラ」と答えるかもしれない。また，その逆もあるのである。このようにおいしいかどうかというのは消費者個々人の味覚によって判断するものであるが，ブランド間の差異が微妙であるため，消費者には実質的には同じものとなり，消費者は付加された情報によって判断することになる。その結果，「コカ・コーラ」を選択するのである。

　しかしながら，メカニズムが社会技術的にある程度まで限界に達した商品分野では，メカニズムではなく，付加する情報の価値を消費者に訴求することでメカニズム・ブランド商品から一般ブランド商品へ変化する大変興味深い事例が見受けられる。たとえば，自動車の「フェラーリ」，カメラの「ライカ」，時計の「ローレックス」，オートバイの「ハーレイ・ダビットソン」のようにメカニズム・ブランド商品から独自の市場を形成し一般ブランド商品化するものが現われてきている。これらのブランドは，消費者がメカニズム以外の何かを認知，評価，支持することによって，メカニズムを重視するメカニズム・ブランド商品から一般ブランド商品に変化したブランド・カテゴリーキラーである。メカニズム・ブランドの変遷については，図表4「メカニズム・ブランドの変遷」，参照[27]。

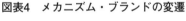

図表4　メカニズム・ブランドの変遷

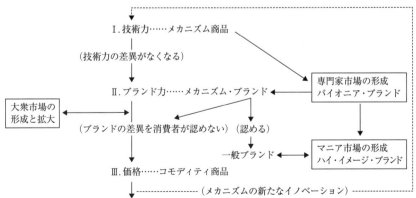

メカニズム・ブランドという概念を新たに導入した結果，いくつかの新しい理解が生まれた[28]。また，メカニズム・ブランド概念はブランド商品の流通研究にも新たな視点を提供するものでもある。このメカニズム・ブランド商品は継続的にイノベーションが起こるためか，個々の商品ブランドがブランド力を維持する期間が次第に短縮されるようになり，その結果，商品ブランドとしてではなく，企業ブランドとして消費者に認識されるようになってきている。それは同時にブランド企業にとっては，過去のメカニズム・ブランド商品のイメージを次のメカニズム・ブランド商品に投映し，合わせて企業全体をアピールすることとなるのである。したがって，メカニズム・ブランド商品は同じブランドといっても商品ブランドだけを訴求する一般ブランド商品とは大きく異なっているのである。

メカニズム・ブランド商品は，メカニズムの機能・性能といった品質が情報よりも重要なものであり，一般ブランド商品とモノ商品との中間的な意味合いを持つものである。とはいうものの，このメカニズム・ブランド商品についていえば，一般ブランド商品と同様に情報付きの商品であるブランド商品であるのは事実であり，大量生産，大量広告，大量販売によって，ブランド商品流通革命を推し進めた一翼を担ってきたのは間違いのないことである。そのひとつに，メカニズム・ブランド商品を中核的な商材として，その低価格販売を消費者に訴求し，急激な発展を見せた家電量販店があげられよう。

6　擬似ブランド商品の出現

最近，ブランドの概念は営利企業（ビジネス）の商品ブランドから対象を拡大し，国家ブランド，地域ブランド（産地ブランド），大学ブランド，スポーツ・ブランド，政治ブランド，医療ブランド，さらにまた，個人ブランドといったように何でもブランド，何でもありのブランドとなってきている。このようなブランドの拡大解釈は，ブランドではないものをあたかもブランドの如くにみなすという消費者，一般市民およびマスコミから生まれたものである。

こうしてブランドのようにみなされているが，厳密にいえば，ブランドではない擬似ブランドが多くの分野で生まれ，その結果，ブランドの混乱が深刻化している。

ブランドと同じように使われ，一番誤解されているのが，地域ブランドともいわれている産地ブランドである。周知のように，何年か前，宮崎県に芸能人出身の知事が当選し，盛んに「宮崎ブランド」を声高々に吠えまくっていた。通常，宮崎ブランドとは，宮崎県の産地ブランドを表しているものである。元芸能人知事は，どこに行くにも宮崎の産物を持参し，それを宮崎ブランドと称してPRしていた。なかには自分の似顔絵をキャラクターにしたワッペンを商品に貼り付けたりしていたのである。一時大変な人気となった。ところが，事件が起こった。

それは宮崎の地鶏が鳥インフルエンザに汚染されてしまった時である[29]。それまで宮崎の地鶏はおいしいと盛んに宣伝していた元知事が，「どうもすいません。業者には十分指導と注意をしておきます。」と自分には責任がなく，他人事のように発言したことを覚えている。実はこの無責任のように思える彼の答えのなかに産地ブランドの本質がみてとれるのである。強力なブランド力を持っていた雪印乳業株式会社が乳製品の食中毒から社長は辞任，長年築きあげてきたブランド「雪印」も放棄せざるをえなくなったこと[30]と比べれば明らかであるが，産地ブランドは責任の所在が明確ではなく，それが商品ブランドとの一番大きな違いである。前述した宮崎の元知事を含め多くの人は，ブランドとは有名なものであるという誤解があり，従来の有名な産物を意味する名産という言葉ではなく，今風な言葉としてブランドを使っているにすぎない。もちろん，元知事がもし「宮崎の地鶏加工の何々会社の何々ブランド商品はおいしく大変好評であるので是非買ってください。」という趣旨の発言をしたならば，それこそ宮崎の個別企業が展開しているブランド商品，すなわち，特定のローカル・ブランド商品のPRを公職にある者がしているということになり，別の意味で大問題になるかもしれない。したがって，この宮崎ブランドに代表される産地ブランドは一見ブランドのようであるが，商品ブランドとは似て非

なるものであり，敢えていうならば，擬似ブランドというべきものである。

同様な産地ブランドとして，「静岡茶」や「深谷ねぎ」[31]があげられるが，それらを買う消費者は当然おいしいことを期待するが，もし何かの事情でおいしくなければ，消費者はどうなるのであろうか。ある消費者はあきらめる，また，ある消費者はそれを買った店にクレームをいうかもしれないが，いずれにせよ泣き寝入りが関の山である。つまり，責任の所在が不明確であり，多くの消費者は産地ブランドといってもそれは責任の所在が明確なブランド商品ではないということを無意識のうちに理解しているのである。

なお，日本で農産物ブランドに一番近いと思われ，しかも最近では外国市場へ輸出され，評判が高いイチゴの「あまおう」[32]は，福岡県の産地ブランドであり，ブランドではなく擬似ブランドというべきものである。確かに「あまおう」は商標登録されているが，それは福岡県農業総合試験場が開発した品種の登録であり，その所有者は福岡の県農協であるJAグループ福岡ということであり，その傘下の地域農協がそれぞれ個別に生産農家を指導し，生産されたイチゴを集荷し，販売している。その結果，「あまおう」を称している主体が複数あり，それぞれの生産者，生産地で甘さ，大きさなど独自に標準化を試み，一見ブランドのようであるが，統一的な標準化は行われてはいず，やはり産地ブランドである擬似ブランドとみなさざるをえない。

農産物以外に最近では水産物ブランドも出現し始めている。たとえば，「関サバ」「大間まぐろ」などであるが，両者とも後述する地域団体商標としては登録されてはいるが，いずれも養殖ではなく，天然の水産物であり，標準化が困難であり，その結果，ブランドとはいえず，やはり擬似ブランドというべきものである。

もちろん，長い歴史のある伝統工芸品などの地場産業に地名などが付加されている産地ブランドは，生産者が小規模かつ多数であり，ある程度の標準化はなされていると思われるが十分なものとはいえず，また，出所が明確でないのとあいまって，擬似ブランドと考えられる。ただし，たとえば，日本各地に存在する日本酒の地酒は産地ブランドではなく，個別企業の地方ブランド，ロー

カル・ブランドであるのはいうまでもない（なかには，焼酎の「いいちこ」のように地方ブランドから今や全国ブランド化したものもある）。

なお，「地名＋産物」からなる「産地ブランド」と同じように使われる「地域ブランド」については，最近，拡大解釈され，多くの地域ブランドの提唱がいくつか試みられている。その背景には，平成の市町村の大合併，そして，2006年の商標法の一部改正による「地域団体商標制度」の新たな導入があげられる。したがって，「地域名＋商品名」からなる新たな「地域団体商標」イコール「地域ブランド」へと従来の「商標」イコール「ブランド」という論理がここでまた復活したようである。

そもそも地域ブランドとは，本来はある一定の限定された地域におけるブランド，すなわち，ローカル・ブランド，地方ブランドを意味するものである。多くのブランドは当初はローカル・ブランド，すなわち，地域ブランド，地方ブランドから発展するものであり，まだナショナル・ブランド，すなわち，全国ブランドにまで発展していないブランドが地方ブランド，ローカル・ブランドである[33]。

したがって，ここでもう一度明確に区分けをすれば，産地ブランド，地域ブランドは通常は擬似ブランドであるが，例外的に地域ブランドが，ある特定の地域の個別企業が創造，展開，管理しているローカル・ブランド，地方ブランドを意味する場合には，もちろん，その地域ブランドはブランドである。それ以外にも，国家ブランド，大学ブランド，スポーツ・ブランド，医療ブランド，政治ブランドなど多くのブランドがいわれているが，それらはブランドといっても商品ブランドではなく，すべて擬似ブランドと考えるべきものとなるのである[34]。

このように擬似ブランドが続々と生まれているが，それらは責任の主体の不明確な点など，厳密にいえば，商品ブランドとは同一のものではない。しかしながら，産地ブランドを例にとれば，それは従来の単なるモノ商品ではなく，明らかに何らかの情報が付加された擬似ブランド商品であるが，流通と消費者に情報を発信，伝達し，ブランド商品ほどではないにせよブランド商品流通革

命の進展の一助となっているのは間違いのないことである。

7　一次産品のブランド化

　前述したように，これまで農産物，水産物といった一次産品の商品はたとえブランドと称してもそれは擬似ブランドにすぎないものであると考えていた。というのは，一次産品は自然を相手に生産するゆえに標準化が困難であり，しかも生産者が小規模かつ多数存在し，責任の所在が明確でないためブランド商品とはみなせないというのがその根拠であった。

　日本の一次産品の中でブランド商品というのは植物工場の中でコンピュータ管理され，標準化されたわずかな商品，たとえば，「雪国まいたけ」「雪国もやし」「こくみトマト」など限られた農産物などが該当するだけであると考えてきた。しかしながら，植物工場で生産された農産物ブランドは確かに農産物ではあるが，自然の中で生産されたものではなく，いわば工場生産の農産物であり，二次産品の工場製品に限りなく近いものである。

　ところが，事態は大きく変わりつつある。養殖で生産された「近大マグロ」が生まれ，それと同時に，世の中のブランド・ブームを背景に，多くの消費者が一次産品にブランド名を付加しただけの商品をブランドとして認めるようになってきた。それを後押ししているのがマスコミ報道と政府あげてのジャパン・ブランドのアピールである。その結果，前述した「静岡茶」は静岡県経済農業協同組合／静岡県茶商工業協同組合，同様に「関サバ」は大分県魚業協同組合，「大間まぐろ」は大間漁業協同組合によって，商標法の改正による地域団体商標として登録され，今や，誰でもがブランド商品とみなすようになってきた。なお，前述した「深谷ねぎ」と「あまおう」は地域団体商標としての登録はまだない。また，周知のようにブランドとしてみなされている畜産物の代表としての牛肉のブランドは「松坂牛」[35]「神戸ビーフ」[36]をはじめ全国に数多く創造され展開されている。とりわけ「神内和牛あか」[37]はブランド主体が明確であり，ブランド商品の体をなしている。

そのうえ，平成26（2014）年6月，農林水産省により地理的表示保護制度（GI）[38]が導入され，平成27（2015）年6月1日，申請が開始された。「農林水産物・食品等の名称であって，その名称から当該産品の産地を特定でき，産品の品質等の確立した特性が当該産地と結び付いているということを特定できるもの」[39]に対し，地名＋産品名というように地理的表示保護制度が認められ，保護されるようになった。この制度の概要は図表5「特定農林水産物の名称の地理的表示保護制度の概要」に示される。

農林水産省が特定農林水産物のブランド商品としてのお墨付きを与えることはとりもなおさず国がブランド商品化の後押しをすることであり，ジャパン・ブランドの一次産品である農林水産物商品を保護，育成し，外国市場への進出もその視野に入れたものである。すでに申請日初日には17件の申請があり，その後増加し，50件となった。なお，平成27（2015）年12月22日，「夕張メロン」

図表5　特定農林水産物の名称の地理的表示保護制度の概要

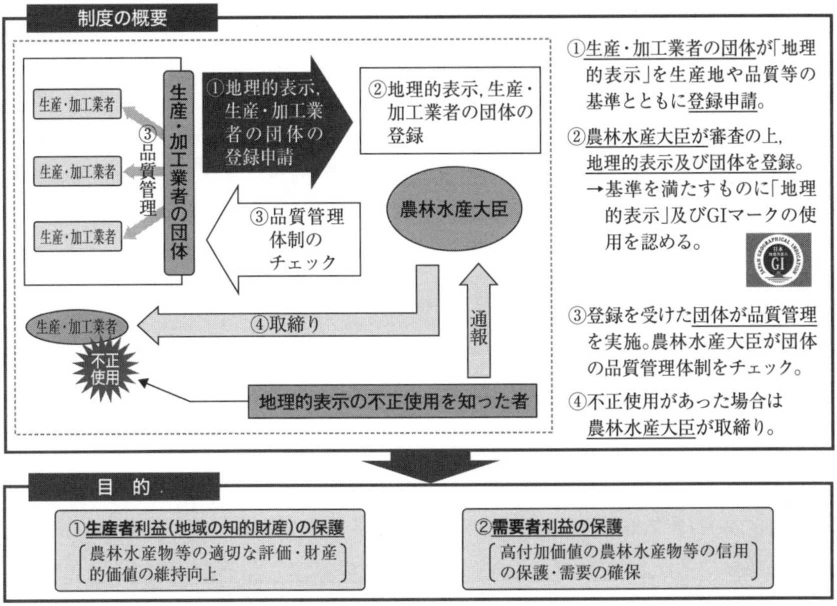

制度の概要
生産・加工業者
生産・加工業者
生産・加工業者
③品質管理
生産・加工業者の団体
①地理的表示，生産・加工業者の団体の登録申請
②地理的表示，生産・加工業者の団体の登録
③品質管理体制のチェック
農林水産大臣
④取締り
通報
生産・加工業者
不正使用
地理的表示の不正使用を知った者
①生産・加工業者の団体が「地理的表示」を生産地や品質等の基準とともに登録申請。
②農林水産大臣が審査の上，地理的表示及び団体を登録。
→基準を満たすものに「地理的表示」及びGIマークの使用を認める。
GI
③登録を受けた団体が品質管理を実施。農林水産大臣が団体の品質管理体制をチェック。
④不正使用があった場合は農林水産大臣が取締り。
目　的
①生産者利益（地域の知的財産）の保護
農林水産物等の適切な評価・財産的価値の維持向上
②需要者利益の保護
高付加価値の農林水産物等の信用の保護・需要の確保

出所：農林水産省「地理的表示法について―特定農林水産物等の名称の保護についての法律―」

「あおもりカシス」「江戸崎かぼちゃ」「神戸ビーフ」「但馬牛」「八女伝統本玉露」「鹿児島壺造り黒酢」の7産品の登録が認定された[40]。

　ただし，ブランド商品となるには，まず，何よりも品質管理が重要であり，標準化された商品となることが求められよう。次には，情報の発信であり，最終的には，消費者の評価と支持が必須となるのである。もし，それらが実現されれば，アメリカの「サンキスト」のような一次産品のブランド商品が生まれることになる。日本の消費者の評価と支持を得てナショナル・ブランドとしての地歩の確立と前後して，外国市場へ進出し，リージョナル・ブランド，グローバル・ブランドの途を辿ることになるのである。

　このように農産物，水産物といった一次産品のモノ商品からブランド商品が続々と生まれ，ブランド商品流通革命を進展させることは，消費者に新たなブランド選択肢を与え，生産者だけではなく，流通業者などの関係者すべてに利益をもたらす関係が構築されることになるであろう。

　したがって，もはやすべての一次産品はモノ商品や擬似ブランド商品であるとは言い切ることができず，前述した畜産物のブランド商品も含め，一種のブランド商品であると認めざるをえなくなってきているといえるであろう。これもほかならぬブランド商品流通革命の進展の一翼を担うことになるといえるが，さらに，ブランド流通革命の第5段階の一次産品のブランド流通革命にまで発展するかもしれない。

8　ノー・ブランド商品はブランドか

　ブランド時代の現在，不思議なことにあえてブランドではないと表明するノー・ブランド商品が出現してきた。

　すでに論じたように（図表1「商品分類」，参照），現在社会における有形商品には大きく分けるとふたつの商品，すなわち，モノ商品とブランド商品が混在しているが，そこに新たにノー・ブランドを自称する商品が出現した。当初，多くの消費者は，ノー・ブランドはその名前からブランドではないモノ商品と

誤解したが，次第に，そのなかにブランドではないことを自称したブランド商品があることに気付き始めた。しかしながら，未だ多くの混乱があるので，ここでは，ノー・ブランド商品について，整理してみることにする。

① ブランド付与のないもの。モノ商品。付加価値がないため，多くは価格が安い。モノとしての品質はさまざまであり，保証はない。したがって，消費者にとっては目利きと自己責任が必要となる。

② あえてブランド付与せずにモノ商品として扱われることを期待するもの。たとえば，特許が切れた後発医薬品のジェネリック医薬品[41]が，それである。研究開発費がかからず，販売促進費用をかけず，その分価格をかなり安くしている。品質，効能は，原則としてブランド医薬品と同じである。

③ ブランド付与はあるが，消費者のブランド反応を得られなかった，すなわちブランド化に失敗し，結局，ブランドがない，すなわちノー・ブランドのモノ商品として扱われるもの。たとえば，100円ショップで売られているブランドは付いてはいるが，消費者がモノ商品とみなしている商品。モノとしての品質は，価格に比して相対的にいいものが多いが，粗悪品もなかには存在する。

④ ブランドが付与されていないことをアピールするために，意図的にブランド・ネームにノーブランドを称するブランド商品。また，あえてマークやロゴなどを表さないケースもある。たとえば，「無印良品」「ユニクロ」などがあげられる。

　周知のように「無印良品」も「ユニクロ」も大きく発展し，今や確立されたブランドとみなされるようになっている。しかしながら，それらのブランドは商品ブランドではなく，ストア・ブランドである。たとえば，「ユニクロ」は買物袋には付されているが，個々の商品には全く何の印も情報も付されてはいない。したがって，消費者は「ユニクロ」というストア・ブランドの小売店でノー・ブランドを称するモノ商品のアパレルを買っていることになるのである。「無印良品」も同様である。

したがって，ノー・ブランド商品は，品質と価格との相対価値を消費者にア

ピールすることによって，ブランドを付加した場合以上の消費者の好意的反応を期待するブランド戦略のひとつであるといえるであろう。とりわけ前記の④に相当するノー・ブランド商品は，消費者に完成されたブランドではなく，素材的，中間財的なモノ商品を提供し，消費者が自分の好みに合わせて完成品となし，それを消費，使用することを提案しているものでもある。このように考えれば，家具の「イケア'IKEA'」や旅行のブランドである「HIS」もある種のノー・ブランド商品を扱っている企業ブランド，ストア・ブランドであるといえるであろう。

　いずれにせよ，この種のノー・ブランド商品は，新たなブランド創造であり，新たなマーケティングのひとつのチャレンジかもしれない。その成功は，アパレル，日用雑貨，家具，旅行といった商品の流通を大きく変え，ブランド商品流通革命の一翼を担っている。

9　ブランド・メーカーとは何か

　ブランド商品流通革命が進展し，ブランド社会の出現に伴って，ブランドに関するいくつかの曖昧な用語，言葉が使われるようになってきたが，その中の代表的なものとして，ブランド・メーカー，アパレル・メーカーがあげられ，多くの誤解と混乱のもととなっている。

　まず，ブランド・メーカーについて考えてみると，文字通りに理解すればブランド商品の生産者，製造業者，メーカーということになる。そもそもブランド商品の生産者とは，ブランドのモノの生産者およびブランドの付加された情報の創造者に分けられる。ブランドにとって，誰がモノを生産しているのかはそれほど重要なことではなく，最も重要なのは，誰がブランドを創造し，展開し，管理しているかである。換言すれば，ブランドを創造し，展開するブランド企業は必ずしも生産機能を持ち，生産，製造を行う必要性はない。たとえば，スポーツ用品の「ナイキ」，お茶の「おーいお茶」，缶コーヒーの「BOSS」など多くのブランド商品の事例にみるように，ブランド企業とブランド商品の

モノの生産者とが分離していることは枚挙に遑がない。この場合には，ブランド企業は製造者ではなく販売者と表記され，生産は下請けないしOEMによるものである。消費者にとって，誰がブランド商品のモノを生産しているかはあまり重要ではなく，誰が責任を持って創造し，市場において展開しているかが重要となる。

したがって，ブランド・メーカーという用語は曖昧なものであり，これからはブランドの創造者，展開者，管理者にあたるブランド企業という用語を使うべきである。このブランド企業は生産者，製造業者，メーカーの場合（この場合の表記は製造者となり，MB《メーカー・ブランド》商品とみなすべきである）もあり，卸，小売の場合（この場合は販売者と表記され，PB《プライベート・ブランド》商品と通常いわれているが，次に述べるようにアパレルの場合には，販売者ではなくアパレル・メーカーといわれることが多い）もあり，さらに消費者の場合（この場合も販売者と表記される。生協が消費者の代表とみなせば「CO-OP」がその一例である）もある。

アパレルの場合，多くは流通機関分類からいえば，卸に相当する流通業者がブランドを創造，展開，管理している。ファッションという不確実性が高い商財を扱うゆえに，リスクが高く，そのためアパレル・ブランドの多くはファッションと市場動向の迅速な情報を収集，分析できる卸がブランド企業となっている。たとえば，「オンワード」「サンヨー」「ワールド」などのブランド企業は生産機能を持たない卸であるにもかかわらず，アパレル・メーカーといわれている。彼らはブランドをクリエート（＝create）するブランド・クリエーターであるが，ブランドをメイク（＝make），すなわち，生産することをしないので，アパレル・メーカーは矛盾のある概念，用語といわざるをえない。したがって，今後，アパレル・メーカーを含めブランド・メーカーという用語は誤解を生むゆえに使うべきではなく，ブランドの創造者，展開者，管理者を意味するブランド企業あるいはマーケターという用語を使うべきである。

前述したように，ブランド商品流通革命の進展により，ブランド企業も多様化し，必ずしも生産者，製造業者，メーカーに限定されず，卸，小売，消費者

が該当するケースが増えてきている。メーカーであった企業が，自己の創造したブランドの成功ゆえに，生産機能を分離し，流通機関の卸に相当する販売者として，ブランドの展開，管理をする，すなわち，メーカーの卸化とMB商品のPB商品化がみられるようになってきている。また，その逆にアパレルのブランド商品にみられるように，卸がブランドの創造，展開を始め，ブランド企業化したり，さらにまた，小売がPB商品の成功からブランド企業化するという事例が増加し，従来のメーカー（生産者），卸，小売といった垣根が低くなり，ボーダーレス化，複雑化してきている。その結果，新たにブランド商品を中心に流通機関を再分類しなければならなくなるであろう。

したがって，アパレル・ブランドに代表されるように，MB商品とPB商品とがボーダーレスになり，多くの消費者が両者を共にブランド商品として同じような認識をするようになってきている。換言すれば，ブランド商品が多様化し，その結果，ブランド・メーカーという誤解のもととなる用語が使われるようになったが，ブランド企業の発展と多様化は混乱を伴いながら，間違いなく，流通構造と流通行動を変え，ブランド商品流通革命を推し進めているのである。

10　ブランドと流通機能

ブランド商品の出現と発展は長らく卸，小売からなる流通業者が果たしていた流通機能を彼らから奪い，ブランド企業とブランド商品が代わりに機能を果たすようになったのである。このことがブランド商品流通革命をもたらす結果となった。

従来，一般的に流通機能は図表6「流通機能一覧表」のようにまとめられてきた。

流通機能はこれまで流通業者が伝統的に果たしてきたのであり，同図表はモノ商品の流通を前提にした機能分析に基づくものである。しかしながら，ブランド商品流通の時代に入った現在，流通機能は劇的に変化し，再考をしなけれ

図表6　流通機能一覧表

Ⅰ　交換機能　　1．購買 'Buying'
　　　　　　　　2．販売 'Selling'
Ⅱ　物流機能　　3．保管 'Storage'
　　　　　　　　4．輸送 'Transportation'
Ⅲ　補助機能　　5．金融 'Finance'
　　　　　　　　6．保険 'Insurance'
　　　　　　　　7．標準化・等級づけ 'Standardization' & 'Grading'
　　　　　　　　8．市場情報 'Market Information'

図表7　試案：ブランド商品流通機能一覧表

Ⅰ　基本機能　　1．標準化
　　　　　　　　2．情報提供
　　　　　　　　3．責任・保証
Ⅱ　補助機能　　4．物流　①　保管
　　　　　　　　　　　　②　輸送
　　　　　　　　5．基盤　①　金融，決済
　　　　　　　　　　　　②　情報ネットワーク

ばならない時期になったのである。

　それでは，ブランド商品を対象とした流通機能はいかなるものとなるのであろうか。その一例として，同図表を修正して，試案としてまとめてみると，図表7「試案：ブランド商品流通機能一覧表」のようになるであろう。

　ブランド商品は情報付きの商品であるため，ブランド自体が情報機能を果たすことになり，その結果，ブランドは情報機能そのものとなる。そこで，ブランドの果たす情報機能は図表8「ブランドの情報機能一覧表」のようにまとめられる[42]。

　ブランド企業が消費者へのブランド情報の提示，伝達することによって果たされるブランドの情報機能によって，長い歴史のある小売による消費者への商品の対面販売からブランド情報を持った消費者自らによるセルフセレクション，セルフサービスが初めて可能となった。このブランドの情報機能が次第に

図表8　ブランドの情報機能一覧表

Ⅰ．本質的機能	①	ブランド・ネーム	（製品）製造者[43]
	②	マーク，シンボル（ロゴ）	ブランド開発者[44]
	③	出所（責任，保証）の表示	ブランド所有者[45]
			ブランド展開者[46]
			ブランド販売者[47]
Ⅱ．付加的機能	①	デザイン	外観，形，色
			ファッションキャラクター，アイコン
	②	包装（パッケージング）	量，品質保持，物流
	③	価格情報	定価販売，プレミアム[48]
	④	広告情報	ブランド認知，理解，好意（好）
	⑤	経路情報	チャネル，販売店，立地，販売法
			直営店，FC，オープンチャネル，DM
			対面，セルフ・サービス，DM
	⑥	販促情報	サンプル，おまけ，ノベルティ[49]
			キャンペーン，デモンストレーション
			懸賞，くじ引き，プレミアム
	⑦	サービス情報	事前情報，パンフレット，説明書
			デモンストレーション，追加情報，修理，
			リコール，クレーム，お客様相談室
Ⅲ．付随的機能	①	信頼の供与	ブランド推薦者
			歴史・暖簾（good-will）
			世間の評価
	②	満足の供与	過去の経験（経験情報）
			広告情報，認知的不協和理論[50]
			ブランド神話
	③	価値の増殖	プレミアム
			アンティーク
Ⅳ．共創的機能	①	流通業者	仕入，販売
			POP，店頭・店員情報
			世間の評価
	②	消費者	過去の経験（経験情報）
			誇示行為（見せびらかし）
			口コミ
			世間の評価
			クレーム情報，市場調査
			新たな情報の創造と提案
			プレミアム，アンティーク
			ブランド神話
			同好クラブ
	③	マスコミ	パブリシティ
			世間の評価
			ブランド神話
	④	その他	ブランド推薦者
			社員，従業員
			宮内庁御用達

ブランド商品の流通を変え，卸，小売を大きく変えることになるのである。その結果，卸，小売の再編と構造変化が起こり，多くの卸，小売は彼らの重要な情報の提供，伝達という機能をブランドの創造，展開，管理を行なうブランド企業に奪われ，販売代理店化するか，独自の道を歩むかの意思決定をしなければならなくなった。したがって，ブランド商品の出現と発展は流通機能の中で最も重要な情報機能の遂行を卸，小売からなる流通業者からブランド企業およびブランド商品それ自身へと大きく変え，ブランド商品流通革命をもたらすことになったのである。

11　ブランド商品流通革命

　モノ商品に取って代わったブランド商品の発展は流通の新規参入を促進することになった。それまでのモノ商品の時代には，商人と呼ばれた流通業者は商品知識を習得したり，目利きになるためにかなりの期間修業しなければ，独立，開業が困難であった。しかしながら，情報付きの商品であるブランド商品の時代に入り，ブランド商品の情報が消費者だけではなく，流通業者にとっても大きな意味を持ち始めたのである。つまり，商品知識が十分ないにもかかわらず，流通への新規参入や商う商品ラインの拡大が容易となったのである。このようにブランド商品の発展は流通機関と流通構造を変えることになった。

　19世紀後半から末にかけてのアメリカに多くのブランド商品が登場したが，当初よりブランド商品をめぐる流通業者とブランド企業の前身の生産者との間には激烈な戦いが見受けられる。ブランド創造の当初は，当然，対象市場は地域市場であり，その結果，ブランド商品はローカル・ブランドということになり，生産者よりもむしろ地域市場を知り尽くした卸がブランド創造者になることが多かったと推定される。当時の生産者は大量生産といわれる機械生産を開始したが，当初，その規模と生産量はまだ小さく，多くの生産者は生産に特化し，販売は流通業者である卸や小売が担当したのである。

　次第に，卸は生産者が大量に生産した同質なプロダクトであるモノ商品を大

量に販売しなければならなくなり，品質を保証し，他者と区別するために自己の商号を付け，たとえば，日本でいえば，○○商店特選□□のように表示して，小売に卸すようになり，結局，これが卸のブランド付与の始まりとなるのである。しかしながら，卸の関心事は市場の消費者ではなく，自己の販路，顧客に当たる小売が主であり，さらに卸の営業地域は限定されたローカルなもので，おのずと販売数量は限られるものであった。また，卸はセールスマン，広告などを使って消費者へ情報提供をすることは少なく，その結果，当然，消費者は卸の付与したブランド商品に対するブランド認識はほとんど生まれなかった。その一方，次第に生産力を拡大した一部の生産者は，卸に代わり自己のブランド商品の創造に関心を持つようになった。

　多くの日常品についていえば，生産者のブランド商品と卸のブランド商品とのどちらのブランド付与が最初であるのかは，今となっては定かではないといわざるをえないが，商品分野により異なるが，多くの分野では卸が最初のブランドを創造し，展開したと推定される。というのは，多くの日常品にはすでに地域市場があり，そこでは卸，小売という伝統的な流通組織が成立しており，生産者の生産量が小規模のうちは，卸が生産されたプロダクトであるモノ商品の流通のリーダーシップを取っていたと考えられるからである。しかしながら，生産者の生産が次第にしかも急速に拡大したときに初めて地域市場を越えた広域市場が必要になるが，この広域市場は卸の営業範囲を超えるものでもあった。

　そこで，やむなく一部の生産者は，卸に代わり，自らがブランド創造を行うようになり，マーケティングを開始するようになるのである。したがって，19世紀末から20世紀の前半にかけてのアメリカ市場にはモノ商品，卸のブランド商品，生産者のブランド商品が競合するようになる。その後，次第に生産者のブランド商品が消費者の評価と支持を背景に比重を増していくのである。この商品流通のリーダーシップの主体としての卸から生産者への交代は必ずしもスムーズに行われたわけではない。卸のブランド（PB）商品と生産者のブランド（MB）商品を巡る両者の長く激烈な争いがあったのは当然である。しかしな

がら，生産者のMB商品と卸のPB商品には決定的な違いがあった。それは卸のPB商品にもブランド付与があるにはあったが，十分な情報提供がないため消費者にはそれほど認知されず，一方，生産者のMB商品にはセールスマン，広告等々による消費者への直接的な情報の提供，伝達が行われた結果，次第に消費者はMB商品，すなわち，生産者のブランド商品の認知を始めたのである。

　このように日常品のブランド付与の開始は，その主体が生産者の場合と卸の場合の両者からなるものと考えられるが，次第に生産者が生産力を拡大し，大規模化するに伴い製造業者ないしメーカーへと成長し，ブランド商品の主体は消費者の評価と支持を得たメーカーが中心となり，MB 'Maker Brand'（メーカー・ブランド）商品は市場を全国に拡げ，ローカル・ブランド（LB）'Local Brand' からナショナル・ブランド（NB）'Nationl Brand' へと発展するのである。したがって，ブランド商品をめぐる生産者と卸の対立，抗争は生産者から製造業者ないしメーカーへと発展したブランド企業のMB商品が勝ち残ることで終息を迎えることとなった。このことは流通のリーダーシップが卸からMB商品のブランド企業へと移る，まさにブランド商品流通革命の開始ということになる。アメリカではほぼ1世紀前のことであるが，日本ではアメリカよりかなり遅れた1960年代から，このブランド商品流通革命が始まったのである。

　また，日本ではブランド企業と卸との対立，抗争が独特の形態で展開されてきた。周知のように日本には多くの欧米のブランド商品が参入してきている。参入する際に，日本法人を設立し直接参入する場合，合弁企業を設立する場合，ライセンス供与をする場合，日本の流通業者に総代理店契約をする場合などがあり，ブランド企業の資金力やマーケティング力および資本市場の見通しなどにより，ケース・バイ・ケースである。多くの欧米のブランド企業は日本進出の初期リスクを避けるためか，日本でのブランド展開を総代理店に一任するということがよくみうけられた。

　総代理店のマーケティング努力が実り日本でのブランド展開が成功し，その結果，総代理店とブランド企業の新たな争いを招いたケースが数多く発生した。かつての日本における総代理店である流通業者との関係を契約期限満了を

契機に清算し，多くの欧米のブランド企業が日本に100パーセント子会社を設立し，その日本法人が本国のブランド企業のコントロールのもとでブランド展開を継続する事例が見受けられるが，その成否はまちまちである。「ルイ・ヴィトン」のように大成功したものもあるし，「ベルサーチ」のように失敗したものまで，いろいろなケースが見受けられる。しかしながら，日本の消費者はブランド商品の総代理店が誰であるかには，通常，関心がなく，そのブランドを評価，支持した時には，輸入元が総代理店かブランド企業の子会社かには関係なくブランドを継続して評価，支持するのであり，流通業者とブランド企業，両者の争いの勝敗は，結局，消費者のブランドの評価，支持に依存するのである。

したがって，欧米のブランド商品の事例から明らかなように流通業者とブランド企業との戦いは消費者の評価，支持を得たものが勝利者となるが，多くの日本市場における両者の戦いは次第に大規模化，巨大化したブランド企業が消費者の評価と支持を得て勝利者となった事例が多く見受けられる。

その一方，現在ではブランド企業に対する流通業者の反撃もみられるようになってきている。それは日用品，特にアパレル，雑貨，食料品などの一般ブランド商品において，巨大な販売力と商品企画力を持つようになった大規模小売チェーンのPB商品がMB商品を凌駕するようになり始めてきている。換言すれば，MB商品のメーカーだけではなく，流通業者の中からブランド・マーケティング力を持ち，PB商品の展開に成功した一部の大手小売業者もブランド企業となり，勝利者となるのである。したがって，MB商品にせよ，PB商品にせよ，ブランド・マーケティングの成功が旧来の流通業者を排除し，流通構造を変え，ブランド商品流通革命を推し進めたのである。

それだけではなく，ブランド商品は新しい流通をもたらした。そのひとつが自動販売機である。諸外国と比較して治安が良く，人件費の高い国である日本では当たり前に見られるのが自動販売機である。しかしながら，世界的にみれば，台数ベースで1位がアメリカで，次いで2位が日本，それからかなり台数が少なくなり，3位ドイツ，4位韓国と続いている[51]が，その他の諸国では自動

販売機の本格的な普及はまだそれほど進んでいない。

　自動販売機の源は古代エジプトに遡るといわれるが，今日の自動販売機はイギリスで17世紀に始まり，19世紀に入り，次々と自動販売機が考案されるようになった[52]。その後，自動販売機の主導権はアメリカに移り，1937年に「コカ・コーラ」の自動販売機が生まれ，第2次世界大戦後，アメリカの自動販売機は大きく飛躍した[53]。日本で自動販売機が本格的に普及したのは1960年代後半から70年代になるのである[54]。

　この自動販売機で販売される商品は一体何であろうか。それはモノ商品もあるにはあるが，その主力はコインで買えるブランド商品である。というのは，自動販売機による販売は通常の店舗販売と違い販売員という人間がいないので，何か問題が起こった時に対処の方法がない。しいてあげれば，自販機の管理者のところに電話で問い合わせるのが精々である。多くの消費者は釣り銭が出ないとか，違うブランド商品が出てきたなど多少の不満は目をつぶり，24時間営業で，どこにでもある，その便利さを評価して，利用している。

　自動販売機が今日のように発展した背景にはその便利さだけではなく，ブランド商品の存在もある。それは買い求めたブランド商品に何かあった場合にはブランド企業が対処をしてくれるという安心感である。その安心感から消費者は自動販売機を利用しているのである。同時に，自動販売機はブランド企業の独占的，専属的な販売代理店としての店舗かつ広告塔であり[55]，たとえば，コーラ，ジュース，コーヒー，お茶などの飲料水のブランド商品は，そのブランド企業が展開する自動販売機の台数によって販売数量が決まることはよく知られている。

　この自動販売機のオペレーションにはいろいろなケースがある。たとえば，ブランド企業が自社または子会社で自動販売機の展開とオペレーションを行う場合，オペレーションは第3者に請け負わす場合，自動販売機の買い取りと管理を小売に依存する場合などがあり，オペレーションには多様なケースがある。

　したがって，ブランド企業が自己のブランド商品の販売に自動販売機という

新たなチャネルを導入したことは，小売店舗の軒先に自社の専属販売店を設置するのと同時に，小売から商売を取り上げ，彼らを一種の販売代理店である自動販売機という機械のロケーション・オーナー兼管理人に変えてしまったのである。小売が楽をして得られるものは販売利益ではなく，自動販売機の設置料と管理料へと変わったのである。

さらに自動販売機は発展し，消費者とのマン・マシン・インターフェイスになり，エンタテイメント化，マルチ・メディア化し，無人コンビニなども登場してきている[56]。プリペイド・カード，電子マネー，オサイフ携帯などの利用も進みますます便利になってきている。このように自動販売機はブランド企業の重要なブランド・マーケティング戦略，とりわけ既存の流通業者から独立した新たなチャネル戦略を構成する要因となってきているが，自動販売機それ自体は消費者へのメディアとなるとともに最近では全面にブランド・ロゴなどを描き，ブランド・メッセージを発信するようにもなってきている。

したがって，ブランド商品の出現と発展は，それまでのモノ商品を前提とした流通を大きく変え，新たにブランド商品を前提としたブランド商品流通革命を引き起こしてきているが，それは当然のごとく流通再編に繋がることになったのである。

そのひとつがすでに論じた流通業者の販売代理店化である。ブランド企業の支配のもとに入るのが嫌ならば，廃業するか，ブランド商品ではない特殊なモノ商品を扱う専門化を目指すか，それともPB商品を創造し自らがブランド企業となるしか道はない。社会のブランド化の大きな動きをみれば，商業統計[57]で卸，小売の業者数が減少しているのも理解ができるのである。つまり，これまでモノ商品を取り扱っていた効率の悪い卸，小売が大きく減少し，ブランド商品の販売代理店に集約されてきていることがその数字には表れているのである。このようにブランド化の進展により，従来の生産者→卸→小売→消費者という流通構造の中で商品流通のリーダーシップを握っていた卸から主として生産者にあたるブランド企業がリーダーシップを奪うこととなり，次第にブランド企業中心の卸と小売の再編成が進み，その結果，従来の流通業者の支配力と

機能は急激に低下したのである。

　まず，卸についていえば，たとえば，花王株式会社の事例[58]では，かつて1950年代までは約500社の代理店と約1,700社の問屋があったが，それらを集約し，全国128社の販社を花王は問屋との共同出資で設立し，それが現在では販社1社となっている。このようにブランド企業の発展は卸を統廃合し，最終的には卸機能を自社の販社に集中するようになってきている。

　次に，小売についていえば，商品のブランド化は従来の小売が果たしていた機能を奪うものである。ブランド商品のパッケージ化の進展が小売の量り売りと店頭での加工を不用なものとし，さらにまた，商品情報の提供も必要がなくなり，小売の役割は単なる販売だけに限定され，利益，マージンが減少し，経営が苦しくなったのである。その結果，小売の閉店，廃業が相次ぐこととなったのである。したがって，商品のブランド化は卸だけではなく，小売の再編成ももたらしたのである。もちろん，小売の閉店，廃業の原因には商品のブランド化の進展以外にも，後継者の問題，立地の変化，消費者の購買行動の変化，競争の激化などの多くの要因があげられるのはいうまでもないことである。

　ブランド商品の出現と発展は消費者行動を大きく変え，多くの消費者はセルフサービスの郊外の大型店へ買物に行くようになり，その一方，従来の街中の商店街での店舗，すなわち，店番をして客が来るとじろっと見る年老いた感じの悪い商店主がいる店舗における買物を敬遠するようになった。その結果，お客の減った小売は売上が減少し，このような小売を取引先とする卸の低迷を導き，卸の経営も悪化することとなったのである。

　したがって，ブランド商品の進展はブランド企業中心の新しい流通の形態をもたらすともに旧来の流通を次第に駆逐し，ブランド企業のチャネルとしての卸，小売が再構築されるという流通の再編を多くの人々が知らないうちに進めることとなったのである。この流通再編はブランド展開に成功したブランド企業が主導するチャネル戦略のひとつとして進められたものでもある。

　もちろん，ブランド企業は生産者だけではなく，流通業者の場合もある。詳しくは次に論じるが，卸，小売がPB商品の成功からブランド企業へと変身す

る事例がみられるようになってきている。またその逆に，たとえば，「サントリー・ボス」にみられるように，ブランド企業が製造者から販売者である流通業者に変身する事例も多く見受けられるようになった。このようにブランド商品をめぐり生産者，流通業者は消費者の代表である生協を含め今や新たな流通の構築の真っただ中にあるといえるだろう。それらが流通機関を大きく変革させ，ほかならぬブランド商品流通革命の主流となっているのである。

12　ブランドと卸

　従来のモノ商品を取り扱っていた流通業者は，自らの長年にわたる努力，経験の成果である商品知識，仲間内の情報，商品に対する目利きの力などを背景に，商品を生産者から仕入れ，価格をはじめとする取引条件を交渉し，卸であれば小売に，小売であれば消費者に商品を販売していた。ところが，ブランド商品の出現により状況は大きく変わり，価格をはじめとする取引条件はブランド企業が提示することになり，流通業者はその条件を呑んでブランド商品を取り扱うか，それとも取り扱わないかの二者択一的な立場に立つようになったのである。しかもブランド企業は消費者に直かに多くの情報を提示，発信しているため，流通業者はこれまで持っていた商品知識や販売のノーハウがほとんど発揮できなくなり，ただブランド企業のいいなり，かつ，消費者のいいなりの販売代理店へと変化したのである。

　卸の販売代理店化は，ブランド企業のブランド・マーケティング戦略のひとつであるチャネル戦略による卸の統廃合とチャネル支配の強化を意味するものであり，これまで卸が持っていた小売情報および消費者情報をブランド企業自らが収集するようになった結果である。消費者の評価，支持を勝ち得たブランド商品の発展は，卸をめぐる経営環境を苦境に追い込み，ブランド企業中心の流通再編が進み，多くの卸が吸収合併され，また，転業，廃業，閉店に追い込まれたのである。あまり目につかないところで進行している静かなブランド商品流通革命であり，それは現在でもまだ継続中である。もちろん，PB商品を

創造し，その展開に成功すれば，卸が自立的な存在となるのは当然のことである。

ブランド商品の出現はこれまで卸が果たしていた機能をブランド企業が自ら果たすようになり，しかも商流機能ばかりではなく物流機能や補助機能も果たすようになり，その結果，卸の果たす機能の範囲がかなり限定され，ブランド商品を扱う卸にとって，究極的には，自らが果たす機能は残ったとしても物流機能の一部のみになりつつある。一部の卸は輸送機能と物流センター，配送センターといった倉庫機能の運営，管理に特化する物流専業へと変身し，生き残りをはかっている。そのひとつがサプライ・チェーン・マネジメントである。そうでない卸は淘汰されるか，さもなければ，ブランド企業が持ちえない独自の情報機能を持つようになるか，独自のPB商品の開発に全力を尽くさざるをえないのである。かつてのように商品を右から左へ卸すだけということはもはや通用しなくなったのである。

そもそも巨大な支配力を持ち始めたブランド企業はブランド・マーケティング戦略として自らが果たすべき機能は自らが行い，その一方，必ずしも自らが果たす必要がなく，外部の業者に委託したほうが便利でコストが安くつく物流機能を支配下の卸に依存するようになってきているのである。

このようにブランド企業の流通支配が強まる中，一部の卸は独自のPB商品を創造，展開し，それに成功し，ブランド企業となっている。

本来，モノ商品を仕入れ，販売していた流通業者である卸の一部のものは，生産者ないしメーカーと同様に，自らのブランド化，すなわち，流通業者の企業名，商号の企業ブランド化を志向し始めているのである。長い歴史をもつものが多い卸，たとえば，食料品卸の国分株式会社がかなり早くから「国分」[59]としてブランド企業化していることはよく知られている。また，衣料卸の株式会社オンワード樫山も「オンワード樫山」[60]として企業ブランド化されている。特に多くのアパレル，ファッション衣料の卸にブランド企業化が見受けられる。たとえば，「レナウン」「イトキン」「サンヨー」「ワールド」などである。彼らは生産を下請けに依存し，自らはモノの生産 'make' は行うことはな

く，しかも最近では卸というよりはいわゆるアパレル・メーカーとして誤って認識されることが多いが，前述したように，もはや卸というよりはブランド企業というべき存在となってきている。

　すでに論じたように，ブランド商品が誕生した当初における生産者，製造業者，メーカーのMB商品とそれに対抗する卸のPB商品との競争関係については，多くの場合，PB商品はMB商品との競争裏に次第に勢力を失ってきたが，現在でもMB商品ではなく卸のPB商品が主力となっている商品分野もかなり存在している。したがって，卸のPB商品は，現代社会においても無視できない重要なブランド商品であり，ブランド商品流通革命および次章で論じるPB商品流通革命の先駆的な存在であり，その一翼を担ってきている。

　しかしながら，日本における卸のPBについての研究は驚くほどわずかなものであり，その説明を取り上げると，次のようになる。「製造問屋型システムは衣料品や玩具などでみられるもので，製造問屋が商品の企画を自社の工場で生産するか，中小メーカーに製造を委託し，商品を流通させるシステムである。このシステムでは製造問屋が伝統的に生産と流通の主導権を握っているが，近年大手小売業がチャネル・キャプテンになるケースも増えている。」[61]「製造卸。自社で生産設備はもたないけれど，自社ブランドによる自社企画商品を設定し，付加価値をつけて高い商品をつくりあげている卸売業のことである。繊維のオンワード樫山等が代表的な例である」[62]。

　前述したように日本ではかなり以前から卸は独自のブランド展開を始めている。その多くは食料品や衣料品であり，生産者が小規模かつ多数存在し，それぞれの生産者が独自ではブランド創造，展開というマーケティング力がなく，その代わりとして大規模な卸がマーケティングを行ってきたのである。たとえば，缶詰の国分(株)の「K&K」，衣料の(株)オンワード樫山の「組曲」などのPB商品である。現在では多くの消費者はそれらの展開に成功して全国ブランド，すなわち，ナショナル・ブランドになっているPB商品に対し，卸のPB商品という認識ではなく，いまやメーカーのブランドであるMB商品とほとんど同一視している。

次第に，多くのMB商品のブランド企業が生産，製造を外部に下請け，OEM生産するケースが増えており，彼らの表示が製造者から販売者へと変わってきている。その逆に一部の卸が生産機能を持つようになり，メーカー化，製造者化してきている。その結果，卸のPB商品とメーカーのMB商品との垣根がなくなりつつあるのが実情であるといえよう。したがって，メーカー，卸といったマーケティングの主体のカテゴリーには関係なく，当該企業，当該業者にブランド・マーケティング力があるか，どうかが今や重要なものとなってきているのである。このようにブランド商品の出現と発展は生産者ないしメーカーと卸との垣根をなくしつつある。それとともに，多くの場合，生産者ないしメーカー出身のブランド企業がMB商品の展開に成功した結果，商品流通の主導権を握り，流通構造を変えながら，ブランド商品流通革命が進展してきている。しかしながら，中にはそれに対抗した卸および大手小売主導のPB商品によるブランド流通革命，すなわち，PB商品流通革命が出現することとなってきたが，それについては次章で論じることとする。

13　ブランドと小売

このところ街の商店街が大きく変化し，多くの小売店が閉店，廃業し，甚だしい場合には，シャッター通りに変わっている。これは街の小売店が消費者の支持を失い，見捨てられたことに他ならない。モノ商品の時代と変わることなくブランド商品の時代になっても，相変わらず小売サービスの原点は顧客に対し頭を下げ，腰を低くすることにあるといったような旧来の経営姿勢を続け，新たな事態に対応できない小売は，次第に消滅したのである。

新たな事態をもたらした一例として，スーパーマーケット（総合スーパー'GMS'）とコンビニエンス・ストアという新たな業態の誕生と発展である。これらの小売業態が用いているセルフセレクション，セルフサービスはブランド企業の販売代理店化そのものを意味するものである。また，セルフセレクション，セルフサービスの究極の小売形態である自動販売機の発展もそうである。

自動販売機による販売はブランド商品を抜きにしては成立することができない。これは何か問題，事故があれば，ブランド企業が責任を負うとの消費者とブランド企業との暗黙の了解によって成り立つものである。したがって，ブランド商品の発展は流通業者である小売を単なるブランド商品の管理者に変えてしまったのである。換言すれば，ブランド商品の発展によって，小売は商う者からブランド商品を管理する者へと変わったのである。また，それはこれまで小売が果たしてきた消費者の購買代行機能を失うことであり，それを補うのはブランド企業から消費者へのブランド情報の提示ということになるのである。消費者の評価，支持を勝ち得たブランド商品の発展は，新しい小売をめぐる環境をもたらした。

まず，セルフセレクション，セルフサービスにもとづく総合スーパーやコンビニエンス・ストアをはじめとする新たな小売業態の誕生と発展により，消費者の購買行動が大きく変わり，従来の小売店は売上を減少し，経営が成立しえなくなったのである。次には，総合スーパーおよび量販店の出現と発展により小売に価格競争が持ち込まれた。さらに大手小売のPB商品の出現と発展，そして，ネット通販の急成長によってそれは決定的になり，価格志向の消費者の支持を失い，閉店，廃業へと追い込まれたのである。

このようにブランド商品の誕生と発展によるブランド商品流通革命の影響を小売は強く受け，われわれ消費者がよく目にするように，商店街を構成していた商店，小売店の多くが閉店，廃業に追い込まれている。その根本的理由はブランド商品がモノ商品の流通とは全く異なる変革を小売流通にもたらした結果である。モノ商品の時代に小売が果たしていた商品説明，消費者の買物代行，量り売りにみられる商品の加工といった機能をほとんど無用のものとし，その代わりとしてブランド商品それ自体とブランド企業がそれらの機能を果たすようになったのである。

したがって，ブランド商品流通の進展によって，従来の伝統的小売の存在理由はほとんどなくなり，存在したとしても，ブランド企業の販売代理店化を受け入れるか，限界小売店としてかろうじて辺鄙な地域で生き残るか，といった

あまり明るくないわずかな選択肢しか残っていない。しかしながら，ブランド企業によるブランド商品流通革命の進展に前向きに対応する手段がないわけではない。それは小売が独自のPB商品を開発，創造し，自らがブランド企業となることである。

かつて暗黒大陸といわれ，その後進性，非能率が批判されてきた日本の流通であるが，このところ急激に発展してきているコンビニエンス・ストアにみられるように世界最高，最強のシステムを誇る小売流通も現れてきた。しかしながら，アメリカ，ヨーロッパ諸国と比較して依然として遅れているのが日本の小売PB商品である。周知のようにアメリカではすでに小売PB商品は1世紀以上の歴史[63]があるが，日本の小売PB商品の本格的な展開はつい最近のことである。

日本における小売PBの展開の遅れについてはいろいろな意見があるが，その主たるものは，日本人はメーカー信仰が強く，MB商品でないと消費者は買わないというものである。しかしながら，実状は日本の小売には販売力はあるが，その一方，商品開発力，ブランド創造力がないことが真の理由である。その結果，現在の小売PB商品にみられるように，モノとしてのプロダクトに対しては相変わらず生産者，製造者，メーカーに依存し，販売だけに小売が責任を負うPB商品が多くみられる[64]。それはMB商品のブランド企業と小売の製販同盟といわれるものであるが，価格競争に対して両者が協調したひとつの結果といえなくもない。

しかしながら，アパレルについていえば，ジーンズの「リーバイス」の小売業者であったが，SPAを基に大きく発展したアメリカのアパレル・ブランドの「GAP」[65]やそのビジネスモデルを模倣した日本のファーストリテイリング社が展開するストア・ブランドの「ユニクロ」[66]のように当初は地方のストア・ブランドにすぎなかったが，その枠を大きく超え，今日では外国市場への展開，拡大に伴って，グローバル・ストア・ブランドにまで発展しているものもある。

卸のPB商品と同様に小売のPB商品の一部のものはMB商品との区別が付

きにくくなっており，MB商品のブランド企業の販売者化を踏まえると，次第に両者の垣根がなくなりつつあるといえるかもしれない。このようにブランド商品の発展は単にMB商品によるブランド商品流通革命を越え，メーカー，卸，小売の垣根をなくし流通構造を根本から変革する，まさに次章で論じるPB商品流通革命に繋がるものである。

　なお，小売業者の中にブランド企業化を試みる動きもみられるようになった。たとえば，一部の卸と同様に長い歴史を持ち老舗といわれてきた「三越」「伊勢丹」「高島屋」などの百貨店をはじめ，また，最近では，「イオン」「ヨーカドー」といったような大手総合スーパー・チェーン，そして，コンビニエンス・ストアの大手チェーンの「セブン-イレブン」「ローソン」「ファミリーマート」などが，それぞれストア・ブランドの企業ブランド化を目指している。換言すれば，小売のオーバー・ストア，オーバー・コンビニといった競争激化を背景に，より多くの消費者の評価と支持を得るために小売企業は企業自身のブランド化を図っている。これもブランド商品流通革命の進展のプロセスのひとつかと思われる。

14　ブランドと消費者

　ブランド商品流通革命の恩恵を一番受けたのは消費者である。ブランド商品の登場以前の買物は小売の一方的な押し売りがあったり，価格交渉もあるにはあったが最終的には小売が価格決定権を握っていた。つまり，小売という商人が主で消費者は従であった。このような買物は現在でも特に発展途上国でお土産を買う時に経験することができるが，ブランド商品流通革命が進展するに従い，日本ではほとんどみられなくなってきた。ブランド商品の出現と発展は，小売と消費者との関係を対等にした。いや，むしろ「お客様は神様です」という言葉にみられるように，消費者が有史以来，初めて主となったのである。

　消費者は多くのブランド商品の中から自らの意思でブランドを自由に選択することができるようになった。しかも多数の消費者のブランド商品に対する評

価が究極的にはそのブランド商品の評価となり，消費者がブランド商品の運命を左右することとなった。そうなると，これまで長い間買物をリードしてきた小売の役割と地位が低下し，セルフセレクション，セルフサービスにより消費者自らの判断でブランド商品を購買することが一般的となったのである。

ブランド商品流通革命は消費者が困惑していた買物をめぐる煩わしい人間関係をなくし，ブランド商品は買物の楽しさと便利さを増加させたのである。

しかしながら，果たしてブランド商品は買物の楽しみを増加させたのであろうか。買物にはわくわくするような楽しみを意味する効用と煩わしい，面倒くさいというある種の苦痛を伴う不効用の二つの側面があるといわれる[67]。まず，買物の楽しみにはいくつかのものがあるが，どうしても欲しいブランド商品を手に入れて満足する，この状態が楽しみであるという消費者がかなりいることは事実である。つまり，買物の前にどうしても欲しいブランド商品の情報をすでに手に入れ，ただそのブランド商品を探し，それを買って自分のものにするということだけが楽しみであるということになる。しかしながら，これはお金があれはいともたやすく実現する買物における楽しみということにすぎないのである。現在でも買物が趣味，楽しみであるという消費者は多数いるが，果たしてブランド商品を手に入れることが買物の最大の楽しみなのであろうか。敢えていうならば，ブランド買いが楽しみの人は豊かな人ではない。本当は買物をした際に思いがけない商品に出会うことが最大の楽しみなはずであると思うが，いかがなものであろうか。

ブランド商品の購買はブランドの情報機能により常に予想満足≒現実満足という関係が成立し[68]，消費者にとっては裏切りのないものであり，それはそれですばらしいものであるが，そこには買物における意外性がほとんどない。したがって，ブランド商品の買物は楽しみを与えてくれるという消費者は多いと思われるが，それはリスクのない小さな楽しみかもしれない。

ブランド商品を購入することはリスクがないものとなり，その結果，実物を見ることなく，わざわざ小売店舗まで出向くことなく，しかも時間の制約もないネット通販で安心して買物が可能となるのである。つまり，第Ⅳ章で論じる

ネット通販流通革命の登場である[69]。

　ブランド商品は，買物における楽しみを必ずしも大幅に増すことはないが，そもそも一種の労働と考えられる買物における不効用を削減することは間違いのないことである[70]。とりわけネット通販によるブランド商品の買物はクリックするだけで時と場所を選ばず，ブランド商品の購買ができ，しかも自宅まで宅配してくれる。時間がなく忙しい現在の消費者にとって，まさに買物の不効用をほとんど削減した理想的な買物方法かもしれない。しかしながら，そうなると消費者は買物への努力をしなくなると思われ，果たしてそれはいいことなのであろうか。そしてまた買物の楽しみはなくなってしまうのであろうか。もしそうであれば不幸なことになるであろう。今後の大きな課題かもしれない。

　ブランド商品流通革命の結果，どの店舗に行ってもブランド商品の洪水である。その中で現在の消費者はブランド選択をしなければならない。押し売りではなく，自らの意志で自由に選択ができるということは素晴らしいことではあるが，多くの消費者は買物のたびごとに多くの選択をしなければならないことに疲れ始めている。その結果，たとえば，日常品のように繰り返し購入するブランド商品の場合，安心，安全である程度の満足を与えてくれる特定のブランド商品にロイヤリティを持ち，ほかのブランド商品には見向きもせず，そのブランド商品を買い続けるのである。つまり，選択をしない消費者の出現である。これば選択の自由を求め続けた消費者の行き着いた終着点のひとつかもしれない。

　このようにブランド商品流通革命は，当然のように，消費者に光と影を与えてきたが，その革命は留まることを知らず，あくまでも進行中である。それは他ならぬ消費者が決めたこと，すなわち，多くの消費者がブランド商品を評価，支持した結果ということになるのであろう。

15　ブランド商品は最高のものか

　ブランド商品は情報付きの新たな商品として誕生し，消費者が自らその情報

に反応し，手軽かつ自由に選択ができるということからブランド商品流通革命をもたらし現在にいたっている。それには消費者の役割も大きく反映してきている。消費者のブランド商品に対する評価，支持があり，その結果，ブランド商品流通革命は現在も継続しているところである。確かにブランド商品には安心，安全と満足の保証情報が付加されている[71]。それは，最高のものではなく，最低限の安心，安全と満足の保証にすぎないものであるにもかかわらず，多くの消費者は勘違いをして，自分が選択するブランド商品は，最高のものであると思いこみをしている観がある。

ブランド商品の発展とブランド商品流通革命の進展に伴ってブランド社会が出現すると，その結果として，満足を与えてくれるブランド商品に消費者は次第に魅了されたのである。商品情報が十分なくとも，目利きのような商品の判断能力がなくとも満足を与えてくれる多くのブランド商品に接し，消費者はますますブランド志向を強め，ブランド大好き人間が登場し，一部では常軌を逸したブランド・ショッピングを行っている。しかも偽物であるコピー・ブランド商品でも安い価格で手に入るのであれば，それを欲しがる消費者がいまだ数多くいるという。それまでして買い求めようとしているブランド商品は果たして最高の商品といえるのであろうか。もちろん，ブランド商品を創造，展開，管理しているブランド企業にいわせれば，わが社のブランド商品は最高，最善であるということになるが，ここで，改めてブランド商品流通革命においてブランド企業の対極にある消費者の観点からブランド商品は最高のものであるのか，そうでないのか，考察を試みてみたい。

19世紀後半，ブランド商品は機械による大量生産を背景として，標準化されたプロダクトに情報を付加された商品として生まれたものである[72]。その後，ブランド商品は順調に発展し，現在では，ブランド商品とブランド付与のないモノ商品とを比べると明らかにブランド商品のほうが良い商品であることが多いのは事実である。たとえば，アパレル商品を考えてみれば，ブランド商品はデザインが良い，カワイイ，カッコいい，材質が良い，縫製が良いといったメリットがモノ商品のものよりはかなり多く，論ずるまでもなく，ブランド商品

は買って安心，使って満足というように最高のもののように思われる。消費者が生まれて初めて憧れのブランド商品を手にした時の感動，まさにその時ブランド商品は最高のものとなるのである。したがって，多くの消費者はブランド商品が最高のものであることを疑っていないといえる。

　このようにブランド商品に憧れを抱き，ブランド商品が最高のものであると思っている消費者がグローバルにますます増加している。これまでブランド商品は日本，アメリカ，ヨーロッパなど一部の先進国の特定の消費者のものと思われていたが，発展途上国が経済成長するに従い大量の富裕層が出現し，彼らは特定のブランド商品が最高のものであるというブランド志向の消費者となってきている。たとえば，「ルイ・ヴィトン」を例にとれば，母国のフランスよりはアメリカ，次に，日本，その後，台湾，韓国，そして，中国，東南アジアの諸国と経済発展に伴って，消費者の所得が上昇した国々において，「ルイ・ヴィトン」は最高のものであるという信者，すなわち，ブランド・ロイヤリティの高い消費者を獲得しながらグローバル・ブランドへと発展してきている。

　しかしながら，これまでブランド・マーケティングの対象とはみなされていなかった新たな消費者が出現したのである。それはBOP 'Bottom of Pyramid' マーケティングという新たなマーケティングの対象とされる消費者であり，これまでは市場とはみなされなかった所得が低い消費者層，さらには経済発展がまだ進展していない発展途上国の消費者層である[73]。押し並べて所得が低いゆえにブランド商品の対象市場を構成するとはみなされてはいなかったが，実は，彼らは所得が高い消費者よりもブランド商品に憧れと夢を持つ，すなわち，ブランド志向を強く持っているのである。そこで，一部のブランド企業は彼らが買うことができるようにと，たとえば，P&G社が同社のシャンプーのブランド商品「パンテーン」を小分けにした新たな戦略を展開し始めて，かなり評価されているという。つまり，これまでの容量では価格が高すぎて買うことができないが，一回分の使用量に小分けをした「パンテーン」は価格が当然安くなり，彼らでも買うことができ，今まで夢のブランド商品であったものを使

用することができるようになり，その結果，大なる満足を味わうことができるということである。換言すれば，BOPの消費者は憧れのブランド商品は最高のものであると信じているということである。消費者が特定のブランド商品は最高のものであると確信を以て，購買行動や消費行動を行うのであれば，それはそれでとやかくいうべきものではないかと思われる。

　ブランド商品は多くのことを消費者に教えてくれるものでもある。ブランド商品の購入，経験を経て，ブランド商品には上には上のブランド商品があることが次第にわかるのである。たとえば，時計でいえば，100円ショップで売っている100円のモノ商品としての時計から，何千円から何万円の時計のブランド商品，さらに，宝石入りの何十万円，何百万円の時計のブランド商品，その上には何千万円の時計のブランド商品，何億円の時計のブランド商品まで，価格でいえばきりがない。

　ところが，考察対象とする商品の視野を広げ，さらに深く掘り下げてみれば，素晴らしい商品は必ずしもブランド商品だけに限定されるものではなく，最高のブランド商品を超えた，すなわち，超ブランド商品というべきものがあることがわかるであろう。そのひとつがオーダーメイドと呼ばれている注文による職人生産品である。

　ここで，ブランド商品と職人生産品の比較をしてみれば，前者は通常ある程度以上の大量生産品であり，一方，後者は注文生産にみられるように原則として職人による一品生産品である。前者は多くの消費者が購入，消費，使用することが可能であるため没個性的になりがちな商品であり，一方，後者は自分だけの個性的な一品ものである。また，ブランド商品には通常定価があるが，一方，職人の一品ものには定価がない。顧客である消費者が注文をつければつけるほど，最終的に価格は天井知らずになるのである。もちろん，その出来映えおよび消費者に与える満足はブランド商品とは比較にならないほど素晴らしいものである。また，ブランド商品はいつでも待たずにお金さえあれば手軽に入手できるが，職人生産品は注文から手にするまで長い時間が必要であり，ときには数年も待たなければならないこともある。

したがって，職人の一品ものは，コスト，時間等の制約を無視すれば，最高のものであると考えられる。換言すれば，ブランド商品は対象市場を構成する多数の消費者が求めている機能・性能と満足を与えるものであるが，それはあくまで平均的なものといえる。一方，職人の一品ものは，個別の消費者の求める機能・性能と満足を可能な限り与えるもので，その結果，職人の一品もののほうがブランド商品よりも優れているといわざるをえない。なお，ここで論じた職人とはある一定以上の技量を持つ者を意味し，彼の生産物が素晴らしく，天下一品であるということであり，職人であればだれでもよい，職人生産品ならば何でもよいというのではない。このように職人生産品のすばらしさは理解できるが，現在のような多数の消費者が存在する社会のすべての需要を満たすことはもちろん不可能であることは明らかである。

ブランドにはモノ商品だけではなく，サービス商品もあるが，現状では多くのサービス・ブランド商品は最低限の満足を与えてはくれるが，最高のサービスを与える商品とは必ずしもいえない[74]。

ブランド企業は消費者のニーズをより満たし，量的にも質的にもより多くの満足を与えるよう日夜競争し，その結果，従来のモノ商品と比べれば，ブランド商品のほうが素晴らしく，かつ，良い商品となっているのは明らかなことである。しかしながら，これまで研究者の誰もが半ば意識的に考察を試みてこなかったものがある。

それは，前述した職人生産品と手作りのものである。この両者が意味するものはブランド以前の社会への単純な懐古趣味によるものではない。ブランド商品流通革命が進行している現在，両者の再認識と新たに付加された意味と価値を論ずるべき時がきているということである。

通常，商品には価格が付いているが，それがないもの，わからないものがある。そのひとつは，職人による生産物，サービスであり，価格がないのではなく，オーダーする以前の時点では，それがわからないものである。たとえば，職人に金に糸目はつけずに最高のものを作ってくださいと注文した時には，当然，価格は事前にはわからない。また，（皿が回転しない）昔ながらの寿司屋に

行くと，時価という表示があり，大変おいしいものであることは予想できるが，価格についていえば，正確にいくらなのかということは聞かないとわからないし，ある場合には，請求書によってはじめてわかるということもある。このように特別なものをオーダーする場合には，見積もりを取ることがあるにはあるが，最終的な価格は注文品が仕上がるまで，すなわち，出来てみないとわからないということもある。換言すれば，最高のもの，最高の満足を追求すればするほど高額な価格になることを意味し，結局，それは際限なく金がかかるということになるのである。したがって，一般の消費者にとっては，価格のわからない注文品は最高のものかもしれないが，手が出ないものとなっており，彼らの眼中からは除外されているのである。

　もうひとつは，手作りのものである。母親が愛情込めて作る食事には商品でないので価格はない。味についていえば，おふくろの味といえるようなおいしいものから「マック」やコンビニ弁当のほうがおいしいと思わずいってしまうような味までピンからキリまである。なかでもおふくろの味といわれるような母親のおいしい食事は彼女の子供にとっては最高のものといえるかもしれない。

　したがって，ブランド商品は必ずしも最高のものとはいえない。しかしながら，メカニズム・ブランド商品や一部のサービス・ブランド商品については，ブランド企業が提供するブランド商品が最高のものとなっているのも明らかである[75]。

　ブランド商品流通革命の進展に伴って，ありとあらゆるものがブランド商品となり，ブランド商品の洪水の中にいる現代の多くの消費者にとっては，現実には，目利き能力，商品情報，財布の大きさなどの制約があり，まだまだブランド商品が最高のものとなっているのである。そろそろ消費者にとってのブランド商品について批判的に考え直す時期に来ていると思われるが，多くの消費者にとっては未だ自らが思い描く最高のものを求めて，自由にブランド商品の選択を行なうことに何の疑いをもっていない。このことも間違いなくブランド商品流通革命がもたらしたものであるし，その結果として，まだこの先当分の間，ブランド商品流通革命は継続することになりそうである。

16　お わ り に

　本章は商品流通の対象である商品がこれまでの伝統的なモノ商品から新たに情報付きのブランド商品が登場し，発展することによりもたらされた商品流通の革命的変革をブランド流通革命の幕開き，すなわち，その第1段階のブランド商品流通革命ととらえて論じたものである。
　有史以来長く続いたモノ商品の時代には流通業者，中でも卸が商品流通のリーダーシップを握っていたが，ブランド商品の出現と発展によって，ブランド商品の流通のリーダーシップはそれまでの流通業者からブランドを創造し，その展開に成功した多くの生産者，製造業者，メーカー，すなわち，ブランド企業へと代わったのである。伝統的な流通業者はそれまでの商品流通の支配，すなわち，価格決定権と利益配分権を失い，ブランド企業の単なるチャネルの構成員に成り下がったのである。それは卸も小売も同様であった。換言すれば，流通業者はブランド企業のコントロールの下での単なる配送業者，販売代理店になったのである。しかも，独自の機能を果たすことができない流通業者の多くは次第に淘汰され，統廃合，廃業，閉店へと追い込まれることとなった。
　同時に，ブランド商品の出現と発展は販売方法を大きく変える革命的なものとなった。というのは，ブランド商品には情報が付加されており，その結果，目利きが必要なくなり，消費者自らが商品を選択できるようになったのである。セルフセレクションとセルフサービスの登場である。それによって，総合スーパーに代表される新たな小売業態が生まれ大きく発展してきたのである。一方，伝統的な流通業者である卸，小売は壊滅的な影響を受けたのである。
　このブランド商品の主体となったのは，後にはブランド企業と呼ばれるようになった生産者，製造業者，メーカーであり，ブランド商品そのものは，工場で生産されたプロダクトに情報が付加されたMB商品に他ならない。これがブランド商品流通革命の始まりなのである。

その後，革命はさらに続き，これまで論じたように現在社会ではブランド商品が，MB商品，卸のPB商品，小売のPB商品と多種多様に展開され，しかも新たな発展があり，ブランド商品と流通業者との関係は次第に複雑になってきている。当初，MB商品を創造したブランド企業はブランド展開に成功するにしたがい，一部の者は生産機能を外注，下請けに依存する販売者となり，流通業者化し，その一方，PB商品を展開し始めた卸，小売の一部の者がその成功によりブランド企業化し，今やMB商品とPB商品との同一化がみられるようになった。たとえば，世界最大のアメリカの流通業者ウォルマート社が展開している食品ブランドのPB商品「グレートバリュー」はアメリカ市場でのトップ・ブランドであり[78]，MB商品のブランド企業がリストラの一環で有名ブランドを切り離し，その買い手にPB商品を展開している流通業者が名のりを上げるといった現象が起こっている[79]。したがって，従来の生産者ないしメーカー，卸，小売といった主体別にブランドを区分けする意味と必要性が薄れ，問題は当該ブランド商品が消費者の評価と支持を得るのに成功したブランドかどうか，あるいはまた，どの程度成功したかどうかという点に重点が移ってきている。換言すれば，ブランド企業はメーカーだけではなくPBの創造，展開に成功した流通業者にも拡大してきているのである。

　ブランド商品の発展により現代社会における流通業者はブランドをめぐって大きな展開期の中にあるといえよう。換言すれば，MB商品のブランド企業に対抗して，流通業者が独自のブランド・マーケティング力を持ち，それを市場において十分発揮できるかどうかということである。ますます激しくなるブランド競争に打ち勝つためには，流通業者とはいえ，PB商品を開発，創造し，ブランド力を持つブランド企業になる必要があるといえるであろう。

　このようにブランド商品の出現と発展はブランド商品流通革命をもたらし，生産者，製造業者，メーカー自体を大きく変革しただけではなく，流通業者，流通機構，流通機関を大きく変革している。換言すれば，情報付きの商品であるブランド商品の出現により，商品流通の支配者は従来の伝統的卸からブランド企業へと代っていったのである。もちろん，ブランド企業の多くは，当初，

MB商品の生産者,製造業者,メーカーであったが,次第に,ブランド商品の発展に伴ってPB商品を開発,展開するようになった卸,小売りもブランド企業の仲間入りを始めたのである。

　ブランド企業によって引き起こされたブランド商品流通革命に対し,市場の消費者はますますモノ商品からブランド商品へと購買選択を替え,ブランド志向を強めてきている。したがって,ブランド商品流通革命はMB商品の出現,発展に起因する流通革命であり,それは今日まで引き続いているのである。換言すれば,消費者の強い支持を得て,生産者,流通業者,それぞれに大きな影響を与え,変革をもたらしながら,ブランド商品流通革命が進展しているのである。なお,生産者,製造業者,メーカーのMB商品に起因するブランド商品流通革命の進展に対する流通業者の対応のなかから生まれたブランド流通革命の発展形のひとつであるPB商品流通革命については次章において論じることとする。

---

1. ブランド企業とは基本的にはブランドを創造し,展開し,管理する企業をいう。しかしながら,ブランド企業だけではなくブランドそのものの買収も行われるようになり,現在では,ブランド企業とはブランドを創造はしないが所有し,その展開,管理をしている企業も意味する。
2. 梶原勝美『ブランド・マーケティング研究序説Ⅰ』p.162,創成社,2010年。
3. 厳密にいえば,ブランドとマーケティングの生成については19世紀後半をかなりさかのぼることになる。詳しくは,梶原勝美「再考:マーケティング生成論〈補遺Ⅱ〉」pp.21-46,社会科学年報,専修大学社会科学研究所,2015年。
4. 正しくはプロダクト(製品)の販売革命,より厳密にいえば,大量販売革命であり,マーケティング革命ではない。マーケティング革命とはプロダクトの販売を意味するものではなく,ブランドの創造,展開,管理という新たな企業の経営活動を意味するものである。
5. 梶原勝美,前掲書,pp.112-113。
6. 梶原勝美,前掲論文,pp.35-38。
7. ブランドは一般ブランドとメカニズム・ブランドとに大別される。メカニズム・ブランドはそのブランドが持つモノの部分のメカニズムに消費者が強く反応する

ブランドであり，いわば一般ブランドとモノ（プロダクト）の中間的な存在である―梶原勝美「メカニズム・ブランド」日経広告研究所報第265号，2012年11月；梶原勝美「ブランド・マーケティング体系（13）おわりに」pp.23-32，専修商学論集，2013年1月；梶原勝美『ブランド・マーケティング研究序説Ⅲ』pp.148-165，創成社，2013年。

8. 梶原勝美『ブランド・マーケティング研究序説Ⅰ』p.244。
9. 梶原勝美「再考：マーケティング生成論〈補遺Ⅱ〉」。
10. 梶原勝美『ブランド・マーケティング研究序説Ⅰ』pp.244。
11. たとえば，日本酒の「剣菱」「白雪」など17世紀にさかのぼるものもあるが，一方，現在まで続くウイスキーのブランドはそれほど古くはなく，「オールド・パー」「ジョニー・ウオーカー」などもそのブランド創造は19世紀後半である―梶原勝美「再考：マーケティング生成論〈補遺Ⅱ〉」。
12. 1795年「ジム・ビーム」'JIM BEAM' 創業，1860年「アーリー・タイムズ」'EARLY TIMES' 創業，1877年「I.W.ハーパー」'I.W.HARPER' 創業―梶原勝美，同上文。
13. 梶原勝美『ブランド・マーケティング研究序説Ⅰ』pp.193-196。
14. 同上，248。
15. 同上。
16. 梶原勝美「再考：マーケティング生成論」専修大学社会科学研究所月報 No.593，2012年；「再考：マーケティング生成論〈補遺〉」；梶原勝美，前掲論文。
17. 梶原勝美『ブランド・マーケティング研究序説Ⅰ』pp.309-339.
18. 梶原勝美「フランスのブランド『ルイ・ヴィトン』」専修大学経営研究所年報 No.36，2011年3月；梶原勝美『ブランド・マーケティング研究序説Ⅱ』pp.132-148，創成社，2011年。
19. 梶原勝美『ブランド・マーケティング研究序説Ⅰ』p.282。
20. 同上，p.283。
21. 梶原勝美「ブランド・マーケティング体系（Ⅵ）―ブランドの情報機能―」専修大学経営研究所報第182号，平成21年。
22. 梶原勝美「ブランド・マーケティングの構図」pp.19-24，専修大学商学研究所報第44巻第3号，2011年6月；梶原勝美『ブランド・マーケティング研究序説Ⅲ』pp.86-92。
23. 梶原勝美「ブランド・マーケティング体系（13）おわりに」p.30；梶原勝美『ブランド・マーケティング研究序説Ⅲ』p.164。
24. 日経広告研究所編「広告白書」1992（平成14）年度版から2011（平成23）年度版。
25. 青木幸弘「ブランド価値創造の基本構図」青木幸弘編著『価値共創時代のブラン

ド戦略』pp.23-29，ミネルヴァ書房，2011年。
26. OED, second edition (1989), Walkman: A proprietary name for small battery-operated cassette players and headphones capable of being worn by a person who is on foot, Oxford University Press 1989.
27. 梶原勝美「メカニズム・ブランドの『ブランド力』についての一考察」p.33，専修マネジメント・ジャーナル Vol.3　No.1，2013年。
28. 第1に，ブランドに対する新しいアプローチとして，消費者がブランドを客観的に評価する性能，機能の数値が与えられるメカニズム・ブランドという概念の導入により，消費者が客観的に評価できない一般ブランドとの対比が初めて可能となった。第2に，メカニズム・ブランドはブランド情報ではなく，メカニズムがブランド価値を決めるものであり，プロダクトに近いブランドである。第3に，これまで無意識のうちにメカニズム・ブランドと一般ブランドを区別してきた。それは，商品特性から当然とはいえ，対象の需要者を一般ブランドでは消費者としているが，多くのメカニズム・ブランドについてはユーザー（使用者）と表している。したがって，暗黙裡のうちにブランドを区別していたが，今後はメカニズム・ブランドと一般ブランドの両者を明確に区分すべきである。第4に，ブランド・マーケティング論はあくまでも一般ブランドを対象としたものであり，メカニズム・ブランドはいわば特殊分野として扱い，研究すべきものとなる。最後に，これまでのマーケティング研究者は，媒体広告やイベント・キャンペーンなどの華々しさに目がくらんだためか，メカニズム・ブランドをブランド・マーケティングの代表的なものとして扱ってきているが，ブランド・マーケティング論で主として対象とするのは一般ブランドであり，メカニズム・ブランドはせいぜい従に当たるものにすぎない。したがって，ブランド・マーケティングの従に当たるメカニズム・ブランドをいくら研究したとしても，ブランド・マーケティングの本質は理解することができない。換言すれば，これまでのプロダクト・マーケティング研究だけではなくブランド・マーケティング研究においても，メカニズム・ブランドを代表的な研究対象とすることで落とし穴に陥ってしまったといえるのである。もちろん，メカニズム・ブランド概念は流通研究にも大きく貢献するものである。
29. 2007年1月，宮崎県新富町や日向市，岡山県高梁市の養鶏場などでH5N1型高病原性鳥インフルエンザウイルスが発見されたが，迅速な密閉撲滅作戦が展開され，宮崎県の東国原知事は3月1日に終息宣言を出した。(http://ja.wikipedia.org/wiki/%E3%83%88%E3%83%AA%E3%82%A4%E3%83%B3%E3%83%95%E3%83%AB%E3%82%A8%E3%83%B3%E3%82%B6，2013年10月4日，閲覧)
30. 産経新聞取材班『ブランドはなぜ墜ちたか』pp.15-101，角川書店，平成13年。

31. 「静岡茶」は後述するように地域団体商標として登録されているが，「深谷ねぎ」はまだ登録されてはいない．現状では，両者ともブランドとはいえず，やはり擬似ブランドというべきものである．
32. 小寺均「アジアへ売りこもう！『福岡ブランド』あまおうを海外へ」pp.70-72,「農業と経済」Vol.72 No.10, 昭和堂，2006年．
33. 本書では，ブランドの発展プロセスをローカル・ブランド（LB）'Local Brand' → ナショナル・ブランド（NB）'National Brand' →リージョナル・ブランド（RB）'Rigonal Brand' →グローバル・ブランド（GB）'Global Brand' の4つの段階に分け，考察する．詳しくは，梶原勝美『ブランド・マーケティング研究序説Ⅱ』pp.61-66．
34. 梶原勝美『ブランド・マーケティング研究序説Ⅱ』pp.49-58．
35. 松阪農業協同組合，多気郡農業協同組合，伊勢農業協同組合，三重中央農業協同組合，一志東部農業協同組合，津安芸農業協同組合，松坂肉事業協同組合，津食肉事業協同組合，伊勢食肉事業協同組合，松阪地方家畜商業協同組合，松坂飯南家畜商業協同組合の地域団体商標．
36. 兵庫県食肉事業協同組合連合会の地域団体商標．
37. 農業生産法人有限会社神内ファーム21が展開している商品ブランド．
38. http://www.maff.go.jp/j/shokusan/gi_act/index.html（2015年6月2日，閲覧）
39. 農林水産省「地理的表示法について－特定農林水産物等の名称の保護に関する法律」平成27年5月．
40. 日本経済新聞2015年12月23日．
41. ジェネリック医薬品（後発医薬品）は新薬（先発医薬品）と同じ有効成分で作られ，医薬法に基づく基準や規制をクリアし，効き目や安全性が新薬と同じだと認められてから発売される．厚生労働省も患者の負担軽減と国の医療費の節約を図るため，銘柄処方から一般処方を推進している－沢井製薬，ジェネリックハンドブック，2012年．
42. 梶原勝美「ブランドの情報機能」専修大学経営研究所報第182号，2009年；梶原勝美『ブランド・マーケティング研究序説Ⅱ』p.247．
43. 製造者とはブランドの「モノ」の部分の生産者を意味するものである．
44. ブランド開発者とはブランドを開発，企画するものであり，ブランド製造者，ブランド所有企業，ブランド展開企業，ブランド販売企業あるいはブランド開発，企画の専門企業などのいずれか1社か共同で当たる．
45. ブランド所有者とはブランドの所有権，商標権を持つ企業を意味する．通常は1社であるが，複数が所有者となる共同ブランドもある．
46. ブランド展開者とはブランドのマーケティングを行う企業であり，通常はブラン

ド所有者がこれに当たることになる。

47. ブランド販売者とはブランド商品の表示にみられる，生産，製造はしないがマーケターとして原則的にはすべてに責任を持つ者であるが，販売だけに限定される場合もある。

48. プレミアムとは元々は商品につける景品や懸賞の商品を意味し，また，プレミアム・セールなどとして使われていたが，最近では，用語法がかなり変わり，希少性から高級感までの多様な価値を意味する用語として使われるようになってきている。さらに，自動車の「レクサス」やビールの「プレミアム・モルツ」のようにプレミアム――高級，上級市場をターゲットにしたブランド展開が見られ，「プレミアム」の意味がより高級化し，プレミアムとは，プラスアルファの対価を支払ってでも手に入れたいと思わせる「特別な価値」，「プラスアルファの価値」と定義づけることができる――遠藤功，『プレミアム戦略』，p.80，東洋経済新報社，2007年。

49. 販売促進のためにブランド名などを入れて配布する贈答用の粗品のことである。

50. Festingerによる認知的な動機づけに関する理論。人間は自己の内部で矛盾が発生すると心理的緊張を高めるという。このような心理状態を認知的不協和と呼び，人間はこの認知的不協和を低減するよう動機づけられ，さまざまな行動を起こすと考えられている。たとえば，購入した商品の欠点を発見した場合には，購入した商品の広告を積極的に見るなどして長所を発見するように努めたり，逆に購買決定時に選択しなかった商品の欠点を発見するよう努めたりするような行動がみられる――和田充夫・日本マーケティング協会編，『マーケティング用語辞典』，p.169，日本経済新聞社，2005年。

51. 鷲巣力『自動販売機の文化史』pp.154-172，集英社新書，2003年。

52. 同上，pp.22-40。

53. 同上，pp.44-70。

54. 同上，pp.118-142。

55. 嶋口充輝・石井淳蔵・恩蔵直人/監修，ベンディングマシーン・マーケティング研究会/編・著『自販機マーケティング』pp.37-39，ダイヤモンド社，1998年。

56. 同上，pp.140-160。

57. 商業統計によれば，流通業所の総数は昭和57年の2,150,323（店）から平成19年には1,472,658（店）へと約32％も激減している。内訳は卸売業が昭和57年の428,858（店）から平成19年には334,799（店）へと約22％減少し，小売業が昭和57年の1,721,465（店）から平成19年の1,137,859（店）へと約34％減少している――経済産業省経済産業政策局調査統計部編，『平成19年商業統計表　第1巻　産業編（総括表）』，pp.66-67，社団法人経済産業統計協会，平成21年。

58. (財)日本経営史研究所・花王(株)社史編纂室編,『花王史100年』, pp.361-372, 花王(株), 1993年。
59. 国分株式会社。1712年（正徳2年）創業，平成21年の売上1兆4千億を超える食品卸。100年にわたるPBブランド「K&K」を展開―http：//www.kokubu.co.jp （2010年5月6日, 閲覧）。
60. 株式会社オンワード樫山，現在，株式会社オンワードホールディングス。アパレル卸。展開ブランドはオリジナルPB,「組曲」「23区」他，海外ライセンス・ブランド,「J・PRESS」「JOSEPH」他―http://www.onward-hd.co.jp（2010年5月6日, 閲覧）。
61. 清水公一,「流通機構」田中由多加, 渡辺好章, 小坂恕, 石居正雄, 清水公一, 草野素雄『流通と商業』, p.66, 創成社, 2000年。
62. 城田吉孝,「卸売業と卸売機構」西田安慶, 城田吉孝編『現代商学』, p.51, 税務経理協会, 平成15年。
63. 梶原勝美「ブランド・マーケティング体系（Ⅱ）」p.95, 専修商学論集第88号, 2008年。
64. 梶原勝美「ブランド・マーケティング体系（Ⅳ）」p.15, 専修商学論集第90号, 2009年。
65. 塚田朋子「ギャップ」マーケティング研究会編『現代アメリカのビッグストア』pp.185-192, 同文舘, 平成18年。
66. 柳井正『一勝九敗』pp.30-33, 新潮社, 2003年。
67. 肥田日出生『凹型小売革命』pp.60-62, ダイヤモンド社, 昭和49年。
68. 梶原勝美「ブランド・マーケティング体系(Ⅷ)―情報としてのブランド」付論2「ブランドと価格情報」SBR第5号, 専修大学商学研究所, 2010年。
69. ネット通販流通革命については本書Ⅳにおいて論ずる。
70. 肥田日出生, 前掲書, p.65。
71. 梶原勝美『ブランド・マーケティング研究序説Ⅱ』pp.227-249。
72. 梶原勝美『ブランド・マーケティング研究序説Ⅰ』pp.154-164。
73. C. K. Prahalad, *The Fortune at the Bottom of the Pyramid*, Pearson Education, Inc., 2005: スカイライトコンサルティング訳『ネクスト・マーケット』p.66, 英治出版, 2005年。
74. 梶原勝美「ブランドは最高の商品か」pp.12-18, 専修マネジメント・ジャーナル Vol.2 No.1, 専修大学経営研究所, 2012年。
75. 同上, pp.14-16。
76. 梶原勝美『ブランド・マーケティング研究序説Ⅰ』pp.146-148。
77. 梶原勝美『ブランド・マーケティング研究序説Ⅱ』pp.366-368。

78. 日本経済新聞社編『PB「格安・高品質」競争の最前線』pp.212-213，日本経済新聞社，2009年。
79. 同上，p.215。

Ⅲ　PB商品流通革命

1　は　じ　め　に

　前章で論じたようにMB商品の登場と発展に起因するブランド商品流通革命が，セルフセレクション，セルフサービスをもたらし，日本の流通，とりわけ小売流通に大きな変革をもたらした。その後，20世紀の末から21世紀の初頭にかけて，日本のブランド流通革命は新たな段階に入った。総合スーパー(GMS)，量販店，専門店，コンビニエンス・ストアなどに，これまで考えられなかった事態が起こっている。それは売り場の商品棚にMB商品だけではなく，知らないうちに，多種多様なPB商品が並んでいることである（以後，原則として，プライベート・ブランド商品はPB商品，メーカー・ブランド商品はMB商品と表記する）。通常，PB商品はMB商品よりも低価格で販売されることが多く，両者は新たな競争の渦中にある。この新たに登場したPB商品とは何であるのであろうか。それはまたメーカーを含む流通にどのような影響を与えているのであろうか。
　まず，PB商品の登場の背景について歴史的にみてみることにする。卸，小売からなる流通は，基本的には，商品をただ右から左へと動かし，商品の評価はするが，最終的には小売が交渉による対面販売を行なうことにより，消費者に対し商品の責任を負うことなく利益を得るとともに需給の調節といった社会的機能，役割を果たしてきたのである。ところが，産業革命を経て，機械によ

る大量生産が始まると，生産者の一部の者が大規模化し，生産したプロダクトに情報を付加したブランド商品，すなわち，MB商品を創造し，展開するというマーケティングを開始し，それに成功して次第に流通業者を支配するようになってきた。このような状況を背景に流通業者がMB商品に対抗し，自らの責任の下で独自のブランド商品を展開するようになったのである。それがPB商品の始まりであるといわれている。

しかしながら，アメリカの事例をみてみれば，必ずしもMB商品に対抗してPB商品が出現したとはいいきれない。というのは，アメリカの大規模小売のシアーズ・ローバック社，A&P社などは，20世紀初頭，メーカーの生産力よりもはるかに巨大な販売力を持ち，そのギャップを埋めるために自らが垂直統合を行って製造部門へ進出し，流通業者でありながらメーカーの機能も果たし，そこから生まれたのがPB商品ということになる[1]。

PB商品は19世紀後半のヨーロッパ諸国[2]，そして，少し遅れて19世紀末ごろのアメリカにおいてモノづくりが比較的簡単な日常品，たとえば，食料品，雑貨といった一般商品から始まり，今日では多くの商品の範疇で展開されている。その一方，メカニズム商品のPB商品も展開されてはいるが，すべての範疇の商品にみられるものではない。すなわち，現在，テレビなどの家電製品のPB商品はあるが，自動車のPB商品はいまだない[3]。

それまでの伝統的な流通は生産者が生産したモノ商品を卸と小売が仲介して消費者に販売するというものであった。ところが，19世紀後半以降には，生産者が自己のブランドを創造し，それまで卸，小売が果たしていた流通機能のかなりな部分を自らが果たすというマーケティングを開始するようになった。その結果，資本主義が商業資本の時代から産業資本の時代に入り，商品の流通は大量生産とブランド化に成功した生産者が次第に支配を強めていった。換言すれば，前章で論じたブランド流通革命の第1段階のブランド商品流通革命が始まったのである[4]。

その後，流通業者，すなわち，商業者がブランド商品，すなわち，PB商品を開発・創造し，生産者に下請け生産させ，その全量を買い取り，自己の責任の

下で販売するという新たな商品流通の出現と発展があり，ブランド流通革命の第2段階，すなわち，PB商品流通革命が始まり，それは今日まで続いているのである。

日本においても，最近になって，アメリカ，ヨーロッパ諸国よりかなり遅れてようやくPB商品流通革命が始まった。PB商品流通革命の展開プロセスは国により大きく異なり，諸外国と比して，日本における卸PBは後述するように時間的にかなり早くからみられていたが，その一方，小売PBの創造，展開は時間的にかなり遅れて始まった。しかしながら，遅れたにもかかわらず小売PB商品の創造，展開が始まるやいなや日本の流通は大きな変革をみせてきている。

そこで，本章では，PB商品の誕生と発展の結果，現在，日本の流通を大きく変革しているブランド流通革命の第2段階のPB商品流通革命について，小売PB商品を中心とした考察を試みるものである。

2　PBとは

PB（プライベート・ブランド 'Private Brand'）については，マーケティング，ブランドと同様に論者ごとにさまざまに理解，定義され，誤解と混乱が生じてきている。したがって，論を展開する前にPBの定義をしなければならない。これまでPBについて，どのように定義されてきたのであろうか。次に，そのいくつかのものをあげることとする。

まず，はじめに辞書的な定義からみることにする。

日本経済新聞[5]「メーカー以外の小売りや卸が独自に企画・開発する自主企画商品。食品や日用品に多い。メーカーに生産を委託し，宣伝費などを削減することでメーカーの同等品より1〜5割安にする。」

デジタル大辞泉[6]「スーパー・デパートなどがみずから企画生産して販売する独自のブランド商品。一般にメーカー製品（ナショナルブランド）より割安になる。商業者商標。自家商標。自主企画商品。PB。」

この2つの定義をみただけでも，たとえば，PBの主体が，一方では小売，卸とあるが，他方では小売に限定されていることが明らかであり，必ずしも共通理解がなされているとはいえない。そこで，以下に念のため，AMAの定義と何人かの研究者の定義を取り上げてみる。なお，PBをプライベート・ラベル'Private Label'として論じる研究者もいる。

1960年のAMA（アメリカ・マーケティング協会）[7]「商業者商標 製造業者あるいは生産者によってつけられているものと区別して，商業者あるいは代理店によってつけられる商標のことである。[注]この用例は，（字義的に，自家商標とすれば）まったく不合理なものである。何となれば，どんな売り手でも自己の商標が人に知られいないという意味で，自家的であることは，望んでいないし，またすべての商標は，その使用が，普通または一般的ではなく特殊であるという意味では，自家的なものだからである。しかしこの用例は，マーケティングの文献中にもまた業者の間でも，普遍的に行われている。そこで本委員会はこの報告書の中に載せた。」

西村哲[8]「広義のPBには，狭義のPB，統一ブランド，SB（ストアブランド），CB（コントロールブランド）が含まれる。」

1990年のAMA[9]「プライベート・ブランドは，製品の製造業者より再販売業者によって所有される色彩が強いブランドである。ただしまれにはその際販売業者が製造業者である場合もある。この用語は，(1) 広告されたブランドと広告されないブランドという対比において用いられ（プライベート・ブランドは，ほとんどの場合広告されていない），また(2) ナショナル・ブランドとリージョナルあるいはローカル・ブランドといった対比において用いられる（プライベート・ブランドは多くの場合，ナショナル・ブランドより展開エリアが狭い）。しかしこうした区別は，シアーズ，クローガー，Kマート，エースなど，そのプライベート・ブランドを広告し，全国的あるいは国際的に販売する大規模な小売業者や流通業者の存在により，不明確なものとなっている。」

野口智雄[10]「PB商品は，流通業者が個別（プライベート）に開発したもの

で，独自の商品品質，ブランドネーム，マーク，ロゴ，パッケージ等を有している。」

根本重之[11]「プライベート・ブランドという用語は，通常ナショナル・ブランドとの対比において用いられ，プライベート・レーベル，ストア・ブランドといった言葉と実際的にはほぼ互換的に用いられている。小売業ブランドと卸業ブランド，総称して流通ブランドは，販路の限定性あるいは排他性を基本とし，基本的には同一市場においてはそのブランドを所有する特定の流通業で販売されるか，契約により他の特定の流通業者に排他的に供給されることになる。」

K. Lincoln and L. Thomassen[12] 'We define Private Label as retailer brands: brands owned and sold by the retailer and distributed by the retailer. If you want a Simple definition, it is that Private Label are Retailer Brands.'

加藤鉱[13]「小売業が『工場を持たないメーカー』となって開発し，自前の売り場で売っているのがPB。」

藤野香織[14]「PBは流通業独自の商品ではあるが，正確にはメーカーや提携工場と流通業が協業して開発し，メーカーや工場で生産される商品である。」

日本経済新聞社[15]「小売業が自ら商品の仕様書をつくって，メーカーや工場に生産を発注する，プライベートブランド（PB＝自主企画）と呼ばれる商品。」

渡辺雄二[16]「PBとは，一言で表すと，小売り業者（スーパーやコンビニなど）が商品の企画を行ってメーカーに生産を委託し，それを小売業者が直接仕入れて，独自のブランドとして販売している商品です。」

したがって，どの定義にもPBについての共通理解を導くものはなく，やはりカオス，混乱の中にあるといえよう。たとえば，いずれの定義もPBは低価格であるということを暗黙の前提としており，最近の高価格，高品質のPB商品に対する説明力が十分とはいえない。そこで，矛盾がなく，あらゆるPBに対応できるものとして，本書では，次のように定義したい。

「PB（プライベート・ブランド 'Private Brand'）とは，生産機能を持たない（卸および小売からなる）流通業者ないし商業者がモノの部分は企画した仕様書に基づく外部委託生産に依存し，それに情報を付加して創造し，市場で展開し，管理をするブランドである。」

さらに，これまでPBはメーカーのブランドを意味する用語として使われているNB 'National Brand'（ナショナル・ブランド）に対比して用いられてきたが，まず，このNBという概念それ自体を，ここで，再検討する必要がある。というのは，NBのN，すなわち，Nationalというのはブランドの展開される市場を意味するもので，正しくは，メーカーのブランドを表す用語としてはNBではなく，MB 'Maker Brand'（メーカー・ブランド）という用語を使うべきである[17]。しかも最近では日本にも「トップバリュ」や「セブンプレミアム」のようにナショナル・マーケット，すなわち，全国市場で展開されるNBにまで発展したPB商品も現れ始めており，図表9「ブランドの主体別分類」のようにブランドを理解しなければならなくなってきている。したがって，本書では，誤解のないように製造業者，メーカーなどの生産者のブランド商品はNB商品ではなく，MB商品と表記する。

ブランド商品はその主体（ブランド創造者，展開者，管理者）によって，（製造業者ないしメーカーなどの生産者の）MB（メーカー・ブランド）商品と（生産者ではない流通業者ないし商業者の）PB（プライベート・ブランド）商品に大別され，PB商品には卸PB商品と小売PB商品がある。

また，最近では，MB商品の主体が生産を外部に委託，発注するケースがあ

図表9　ブランド商品の主体別分類

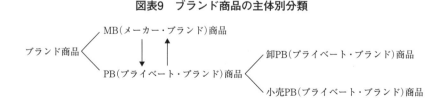

り，厳密にいえば，ブランド主体がメーカーから（委託・下請け先から仕入れて販売する）販売者，すなわち，卸に変化し，MB商品が卸PB商品となり，その逆に，卸や小売のPB商品の主体が自ら生産機能を持ち，その結果として，卸や小売のPB商品がMB商品へと変化するケースもみられるようになり，後述するように両者の垣根はかなり低くなってきている。

3 PB商品のメリット・デメリット

　通常，メーカーのリスクのもとにあるMB商品を仕入れて販売する流通業者が自らリスクを負い，あえてメーカーの機能の一部を果たしてPB商品を開発，創造，展開するのはなぜであろうか。第1には，仕入原価の低下によって低価格販売が可能になること。第2には，独自のPB商品を展開することによって商品品揃えの差別化を図ることができること。第3には，利益の総額および利益率を上げることができること。以上のことから販売力がある卸ないし小売は自らのPB商品を創造し，展開を行うのである。
　ここでは，PB商品流通革命を引き起こした流通業者の代表としての小売に焦点を当て，小売PB商品のメリット，デメリットについて多角的に考えることにする。
　大規模な小売に限定されるが，販売力を背景に卸ないしは問屋をカットして，メーカーからMB商品を直接仕入れることができれば，当然，コストは下がる。しかしながら，それには限界がある。そこで，さらに仕入コストを削減するために自らのPB商品を創造することとなる。小売PB商品は創造した小売が発注し，生産された商品の全量をメーカーより買い取ることにより，販売リスクが低減した分，また，卸，問屋といった流通業者をカットした分，そして，広告費，包装費，物流費をはじめとするマーケティング費用が削減される分，さらに，遊休設備を利用することにより操業率が上がる分，メーカーはMB商品よりかなり低価格で小売に売り渡すことができる。その結果，小売はMB商品よりかなり低価格，すなわち，自由な価格設定の下でPB商品を安く

販売することができるようになる。そのほかにMB商品よりも高品質で高価格の小売PB商品を創造，展開することもみられ始めている。換言すれば，小売はPB商品に対する価格と品質の決定権という有力な競争手段を持つことになるのである。

そのために，小売は自らのPB商品を開発，展開するのであるが，小売PB商品は関係する三者，すなわち，消費者，メーカー，小売，それぞれにどのようなメリット，デメリットがあるのであろうか。一般的には，以下のようにいわれている[18]。

小売PB商品のメリット
(1) 消費者
   ① MB商品とほぼ同品質の商品をより低価格で購買できる。
   ② MB商品にはない高品質，高付加価値のある商品を購買できる。
(2) メーカー
   ① 販売が保証されることにより，操業率を上げ，効率よく生産ができ，コスト低減ができる。
   ② 売り上げが確保されることにより，経営が安定する。
   ③ MB商品展開のステップとなる。
(3) 小売
   ① 販売価格を自由に決めることができるので，MB商品よりも粗利益率を上げることができる。
   ② 原材料，製造方法，製品仕様を指定することにより，商品に独自の付加価値を付けることができる。
   ③ 商品の仕様を自由に変えることができるため，消費者や売場の意見を容易に反映することができる。
   ④ 小売企業および店舗のイメージ・アップができる。

小売PB商品のデメリット

（1） 消費者
　① MB商品と同じように見えても原材料や配合比率，加工方法，内容量を変えている場合があり，品質が価格相応もしくは割高になる場合がある。
　② 小売がPB商品を優先するため，MB商品の品揃えが削減され，商品の選択の幅が狭められることがある。
　③ 当初から低価格のため，特売商品になりにくい。
　④ 消費者の意見がメーカーへ直接伝えにくい。

（2） メーカー
　① 並行して生産し，展開しているMB商品の売り上げが減少することがある。
　② 小売とのコミュニケーションギャップがあるため，常に，受け取り拒否のリスクがあり，その際には，資金繰りをはじめとして経営に大きな影響がある。
　③ PB商品への依存度が高くなると下請け体質になり，経営の独自性が失われる恐れがある。

（3） 小売
　① 全量買い取りのため返品ができない。
　② 品切れを防ぐため，常に在庫リスクが発生する。
　③ 問題や事故の際のクレーム対応の責任がある。
　④ アフターサービスの必要がある。

このように小売PB商品の開発，創造，展開には，消費者，メーカー，小売それぞれの観点から，いくつかのメリット，デメリットがあげられる。かつて日本の消費者はメーカー信仰が強く，PB商品は評価されにくい時期があったが，事態は一変し，多くの小売PB商品が創造，展開されるようになっている現在，消費者，メーカー，小売のいずれもがデメリットを多少は感じながら，それ以上にメリットがあると判断しているものと思われる。なかでもブランド

商品の最終判断，最終評価をする消費者のPB商品に対する態度が大きく変わり，その結果，PB商品流通革命が急速に進展しているのである。

4　ＰＢ商品小史

　そもそもPB商品が出現するには販売力のある流通業者の存在が前提となる。PB商品は，当初，生産が比較的容易な日常品，たとえば，食料品，雑貨から始まり，長い歴史を経て，今日ではほとんどすべての商品にわたっている。MB商品の発展プロセスについては日本もアメリカも本格的に誕生した時期を除いてはそれほど大きな違いはないが，他方，PB商品についていえば，両国は時間軸だけではなく，その発展プロセスにもかなりの違いがみてとれる。それは歴史的にみてアメリカと日本の流通および流通業者の発展とその機能・役割の相違にもとづくものと思われる。そこで，PB商品の歴史を流通先進国の代表としてアメリカを取り上げ，それとの比較から日本におけるPB商品を考察し，以下にPB商品小史として簡単にまとめてみることにする。

(1) アメリカのPB商品小史

　　アメリカのPB商品の歴史には有名な大規模小売のPB商品だけではなく，当然，卸PB商品も存在する。

① 卸PB商品

　　大量生産が始まる以前，すなわち，19世紀の前半までのアメリカは必要な商品の多くはヨーロッパからの輸入に依存していた。したがって，輸入業者，ジョッバー（分散卸）などの卸によって，多くの卸PB商品が限定された市場で展開されていたと思われるが，19世紀後半から20世紀前後にかけて新たに誕生し，成長してきたMB商品との競争に敗れ，その多くは今となって知るすべがない。ただ，P. D. Converseの記述から，アメリカの当時の卸PB商品の一端をうかがうことができる[19]。彼によれば，19世紀後半から末にかけて，コーヒーの卸PB商品「アー

バックル」のナショナル・ブランド化と対抗卸PB商品の出現による両者の激しい競争があったが，20世紀に入ると次第にコーヒーのMB商品が「アーバックル」をはじめとする卸PB商品を凌駕するようになっていったということである。

② 小売PB商品

アメリカでは通常小売PB商品といえば，原則として，流通業者単独の販売者ブランドである。消費者は生産者，製造業者，メーカーでなく，販売者である流通企業を評価し，彼らのPB商品を購買するのである。すでに20世紀初頭に創造されたシアーズ・ローバック社のPB「シアーズ」[20]，A&P社のPB「アン・ページ」「ジェーン・パーカー」[21]などは製造部門を垂直統合し，自らが生産した小売PB商品であるが，MB商品とはいわず，PB商品として認識されている。また，最近では，ウォルマート社の「グレートバリュー」[22]が代表的な小売PB商品といわれるが，とりわけ同ブランドはPB商品にもかかわらず，多くのMB商品を押しのけ，食品分野における全米のトップ・ブランドになっている。同時に，ウォルマート社のグローバル化に伴い，PB商品「グレートバリュー」はナショナル・ブランドからグローバル・ブランドへと発展し，日本では子会社化した「西友」で展開していたが，最近，撤退を始めている。

③ メカニズムPB商品

元来，メーカーでない小売がメカニズム商品のPB商品の開発，企画，創造することは不可能と思われがちであるが，アメリカではメカニズムPB商品は古くから展開されている。たとえば，1902年のシアーズ・ローバック社のカタログにはミシン，自転車など同社のメカニズムPB商品が数多く載っている[23]。また，かつて多くの日本の家電メーカーはテレビをOEM生産し，それがアメリカに輸出され，「シアーズのテレビ」「JCペニーのテレビ」，すなわち，メカニズムPB商品となっていたのである。

したがって、アメリカのPB商品流通革命はすでに長い歴史を持ち、多種多様な発展を遂げてきているのである。

(2) 日本のPB商品小史

日本のPB商品は江戸時代から続く老舗の卸PB商品としてかなり早くから誕生していた。一方、小売PB商品についていえば、アメリカの流通企業をモデルとして多くを吸収し、発展してきた日本の大規模小売業であるが、小売PB商品の導入だけはかなり遅れ、本格的な展開は20世紀末ごろからようやく始まり、21世紀に入り急速に進展してきている。

① 卸PB商品

江戸時代中期の天明元年(1781)年に創業した薬種問屋近江屋[24]が現在の武田薬品工業株式会社の前身であり、明治時代の1871年には洋薬の輸入を開始し、「武田」の名前でPB商品として展開をしていた。そして、1895年に自社工場を設立し、卸からメーカーへと代わり、「武田」はPBからMBとなった。同様に1878年創業の薬種問屋塩野義三郎商店[25]も当初PB「塩野義」を展開していたが、1909年には自社新薬の製造販売を始め、「塩野義」もPBからMBへと変化した。このように医薬品のブランド企業は江戸時代にはすでに卸PB商品を展開していたが、明治維新の後、西洋から洋薬が入ってきたのを契機に製造工場を設立し、MB商品の創造、展開へと変化した。このように日本の卸PB商品はかなり早くから薬のPB商品に見受けられる。その他に、1715年創業の食品卸の国分の「K&K」をはじめとして化粧品など、多くの商品分野で古く江戸時代には卸PB商品（当時はおそらく銘柄と呼ばれていた）が出現し、発展してきているのである。

したがって、日本の卸PB商品はかなり歴史が古く、その源は江戸時代にまで遡ることができ、中にはMB商品となったものもあるが、残りのあるものは今日までPB商品として生き残っている。

② 小売PB商品

　日本の小売PB商品の始まりはアメリカよりかなり遅れた1959年，大丸百貨店の既製服のPB商品「トロージャン」が端緒といわれている[26]。1960年には，日本生活協同組合が「CO-OP生協バター」，また，総合スーパーのダイエーは「ダイエーみかん」を創り[27]，さらに，1970年に寡占体制にあった我が国の家電メーカーに対抗して5万円台の13型カラーテレビのPB商品である「ブブ（BUBU）」を開発，販売した。同ブランドの製造は当時無名のクラウンというメーカーであった。しかしながら，「ブブ」の話題性は大きかったが，事業的には成功しなかった[28]。

　1980年，ダイエーがPB商品「セービング」を創造，展開を始めた[29]時を同じくして，「わけあって安い」のキャッチフレーズで，低価格を可能にしているわけ（理由）を消費者に訴えた西友のPB商品「無印良品」が登場した。同PBはあえてブランドではないということを強調するために無印という表現を使い，それにもかかわらず品質は良いということを消費者に訴え，彼らの評価と支持を得たのである。その後，西友のPB商品「無印良品」は順調に発展したが，バブル後の流通再編の際に，同ブランドのブランド企業，すなわち，マーケターがセゾン（西武流通）グループから株式会社良品計画として，分離，独立し，現在では，日本ばかりか「MUJI」としてグローバルに展開されている[30]。

　1994年，イオンがPB商品「トップバリュ」を発売し，日本における小売PBの黎明期の幕開けをなすものとなった。

　しかしながら，小売PBの本格的な展開は，平成不況とデフレが2007年のリーマンショックによってさらに深刻化したもとで始まったのである。同年，セブン＆アイグループがPB商品「セブンプレミアム」発売。いよいよ大手小売業が低価格のPB商品の展開を始めた。

　その後，各種商品の量販店，中小の小売チェーンなども続々とPB商品の創造・展開を始めたのである[31]。

③ メカニズム PB 商品

　メカニズム商品に関していえば，前述した1970年代にダイエーが展開したカラーテレビのPB商品「ブブ」が失敗したように日本では相変わらずMB商品が強く，メカニズムPB商品は鳴りを潜めていた。しかしながら，ようやく20世紀の末から21世紀の初めにかけて，生産技術の進歩，EMS（製造請負メーカー）の出現などにより，量販店チェーンを中心に一部のメカニズム商品のPB商品が出現し，その後，急速に拡大をみせている。

　このようにPB商品の歴史をみてみれば，日本とアメリカとではかなり大きな違いが見受けられる。まず，卸PB商品についていえば，日本ではアメリカよりも古くからあり，その中のいくつかのものはいまだ生き残っている。一方，アメリカでも卸PB商品の誕生と発展があったが，今日まで生き残っているものはほとんど見受けられない。次に，小売PB商品についていえば，アメリカでは早くから大規模小売業者はほとんど例外なくPB商品を展開してきたが，日本ではそれはごく最近のことである。また，メカニズムPB商品についていえば，アメリカではかなり早くからその展開がみられるが，日本ではメカニズムPB商品は最近になってようやく出現したところであり，本格的な発展はこれからである。

　したがって，アメリカと日本の小売PB商品流通革命には時間的，内容的に大きな違いがあったが，このところの日本における急速なキャッチアップが進み，日米の違いは急速に縮まってきている。いよいよ日本もPB商品流通革命の時代となったのである。

5　卸ＰＢ商品

　一般的に問屋といわれてきた卸は，歴史的にみれば，長い間モノ商品の流通を支配してきた。生産者が小規模かつ多数存在し，生産物の標準化がなされて

いない時代では,卸はモノ商品の価格支配だけではなく,業者間の品質保証といった重要な流通機能を果たす中心的な存在であった。長い歴史のある日本の卸の事例でいえば,一部の卸はとうの昔から卸のブランド,すなわち,流通業者,商業者のブランドである卸PB商品を創造,展開,管理してきたといえる。たとえば,1712年創業の食品卸の国分のPB商品「K&K」,1885年創業の明治屋のPB商品「MY」,1909年創業の商社である三井農林株式会社のPB商品「日東紅茶」,1902年創業の衣料品,アパレル卸のエトワール海渡のPB商品「ミューチュラ」「OLの味方」,1927年創業のオンワード樫山[32]のPB商品「自由区」「23区」,1959年創業のワールド[33]のPB商品「アダバット」「アンタイトルメン」など,多数の卸PB商品が誕生し,それらのあるものは長い間消費者の評価と支持を失わず,今日まで生き残っている。しかしながら,日本の消費者は卸PB商品を,多くの場合,PB商品ではなくMB商品として認識していることが多い。

多くの消費者が卸PB商品をMB商品,卸のブランド企業をアパレル・メーカーと誤解しているアパレル・ブランドのケースと同様な事例が他にも存在する。たとえば,「お～い お茶」を展開している株式会社伊藤園についていえば,同社は卸である問屋から発展した生産機能を持たないブランド企業であり,ペットボトルの「お～い お茶」の表示をみれば同社の表記は販売者となっている。したがって,同ブランドは卸PB商品というべきであるが,ほとんどの消費者はそうはみていない。すなわち,一種のMB商品とみなしている。なお,同社は現在では自社工場ばかりか茶畑も持ち,垂直統合も行っており,それにもとづくブランド「茶葉 お～いお茶」には製造者株式会社伊藤園と表記されており,このケースでは当然MB商品ということになる。

また,スポーツ・ブランドの「ナイキ」も厳密にいえば,ブランド企業ナイキ社には生産機能がなく,生産は下請け,OEM生産に依存しており,流通業者の卸のブランドに位置づけられる。そうなると「ナイキ」はPB商品ということになるが,これも多くの人はそうはみていない。やはり消費者はMB商品とみなしているのである。

一方，缶コーヒーの「BOSS」のように，当初はブランド企業であるサントリー株式会社が製造者であったためMB商品であったが，ある時期を境に，同ブランドの表示は製造者から販売者へと変わり，すなわち，生産は下請けに依存し，それを仕入れ，販売するという卸PB商品へと変化した[34]。その結果，現在の「BOSS」のブランド企業（サントリーグループの組織変更があり）サントリーフーズ株式会社は卸に位置付けられ，そのブランド「BOSS」はPB商品ということになる。しかしながら，多くの消費者は相変わらず「BOSS」はメーカーであるサントリーのMB商品とみなしているのである。

　このように卸PB商品は誤解と混沌の中にある。現在，市場ではMB商品，MB商品から転化した卸PB商品，卸PB商品，小売PB商品といった多種多様なブランド商品が競い合っている。そのような中，一部の卸PB商品は，たとえば，伊藤園の「お～いお茶」のように単なるPB商品から離陸し，ナショナル・ブランドから今やリージョナル・ブランド，グローバル・ブランドへと発展中のものが現れてきている。その一方，多くの旧来の伝統的な卸PB商品の中にはMB商品と新たに登場した小売PB商品との競争に直面し，急速にブランド力を低下させ，消滅の危機にあるものもある。まさに卸PB商品はPB商品流通革命の真っただ中に漂っているのである。

6　小売PB商品

　前述したように，卸PB商品は早くも江戸時代から展開されてきた日本であるが，他方，小売PB商品の展開が遅れたのはなぜであろうか。それにもかかわらず，20世紀末から21世紀に入り，急速に進展し，小売PB商品が主導したPB商品流通革命を引き起こしているのはなぜなのであろうか。

　まず，日本での導入が遅れたのは，長い間，百貨店を除く小売業者のほとんどが小規模であり，1960年代以降に総合スーパーの成長，発展がみられたが，彼らとて販売だけに重点を置き，PB商品の創造，展開には力を注がなかった，このような小売の経営姿勢そのものに原因がある。その次に，小売には商

品企画力，ブランド創造力がなく，そのための人材も不足していたことなどが原因としてあげられる。そしてまた，多くの日本の消費者のMB志向が強かったことと1960年代からバブルがはじけた20世紀末まで消費者の所得が順調に上昇し続け，低価格を訴求する小売PB商品の反応がアメリカ，ヨーロッパの消費者に比して強くはなかったという日本の消費者そのものにも原因がある。

　しかしながら，20世紀末から21世紀初頭にかけて急激にPB商品が進展してきたが，その背景には日本の消費者のブランドに対する態度が大きく変化したことがあげられる。バブルの崩壊以後の長いデフレを伴った平成不況の下で，消費者は価格志向を強くしたのである。それと同時にそれまでの過度のMB商品への信仰から卒業した，いわば成熟した消費者が誕生し，しかも急激に増加したのである。換言すれば，価格が高ければ高いほど良いという価値観から，価格に関係なく，本当に必要なもの，値打ちのあるものを求め，可能であれば価格は安いほうが望ましいとみなす消費者が増えたのである。その結果，大規模小売は低価格，安売りを実現するために小売PB商品の企画，創造，展開を始めたのである。たとえ人材や企画力が不十分であっても，その場合には，利害が一致したメーカーと製販同盟[35]を組み，ダブル・ブランドの小売PB商品を導入したのである。小売PB商品は激化する小売競争の有力な武器，手段のひとつとなったのである。

　このように現在の日本における小売PB商品は短期間に多種多様な形態で急激に創造され，展開されてきている。そのため何でもPB，何が何でもPBといった風潮があり，必ずしも明確な小売PB商品の理解がされているとはいいがたい。

　そこで，次に，小売PB商品を整理することにする。まず，モノPB商品は，個別PB商品，統一PB商品，そして，ストアPB商品の3つに大きく分けられる。さらに単独PB商品，共同PB商品の2つに再分類され，それぞれには販売者単独PB商品，製販ダブル・ブランドPB商品が位置付けられる。一方，サービスPB商品はサービスのストアPB商品であり，それはまた単独PB商品，販売者単独PB商品となる。図表10「小売PB商品の分類」，参照。

図表10　小売PB商品の分類

モノPB商品を3つに区分したが，それぞれ次のように定義される。

まず，個別PB商品とは個別のPB商品に個別のブランドが付与された商品である。それは大手小売企業がチェーンないしグループの単独PB商品，すなわち，販売者単独PB商品と製造業者ないしメーカーと小売が共同でPB商品を企画開発する共同PB商品，すなわち，製販ダブル・ブランドPB商品とがある。

次に，統一PB商品とは店舗内で複数の商品分野にわたり販売されるすべてもしくは大半のPB商品に同一のブランドが付与されるものである。個別PB商品と同様に，単独PB商品と共同PB商品とに分けられ，それぞれ表記には販売者単独PB商品と製販ダブル・ブランドPB商品とがある。

さらに，ストアPB商品とはストア（店舗）名とPB商品名が同一のものとPB商品であるがブランド・ネームが付与されていないものがある。これも同様に，単独PB商品と共同PB商品とに分けられ，それぞれ表記には販売者単独PB商品と製販ダブル・ブランドPB商品がある。

以下に，個別PB商品から順を追って，考察を加えることにする。

(1) 個別PB商品

個別ブランド商品とは個別の商品ごとに個別のブランドを付したPB商品を意味し，アメリカの巨大流通企業のウォルマート社が展開している個別商品分野ごとのPB群に見受けられるが，一方，日本の大手流通企業の多くは，最近，統一PB商品を展開しているため，個別PB商品の代表的なものとしてはアパレルのPB商品があげられる。たとえば，セレクトショップの株式会社クロ

スカンパニーは個別のファッションごとに次のようなPB商品を展開している[36]。

「earth music & ecology」「E hyphen world gallery」「E hyphen world gallery BonBon」「Green Parks」「Samansa Mos2」「Te chichi」「Lugnoncure」「ehka scopo」「SEVENDAYS=SUNDAY」「YECCA VECCA」「Kiwa Sylphy」「L' ATELITER FENETRE」「KOE」「Maison de FLEUR」「SCENT OF Varo」「Flehmen」「Re:Bonne」などであるが，それぞれのPB商品にはいわばサブPB商品というべきアイテムPB商品が展開されている。その代表として，「earth music & ecology」を取り上げてみれば，次のようなアイテムPB商品がある。「earth music & ecology（Premium Label），（Red label），（Natural Label），（White Label），（Special Edition），（Violet Label），（Japan Label），（Men's），（Men's Violet Label），（NET限定），（Kid's）」

したがって，セレクトショップのクロスカンパニー社は個別のファッションにそれぞれ独自のブランドを付与した多くの個別ブランド商品を展開しているが，同社の店舗の多くが駅ビルやデパート内にインショップとして進出しているためか，統一した店舗名は使わず，たとえば，「earth music & ecology　聖蹟桜ヶ丘店」「SEVENDAYS=SUNDAY　セレオ八王子店」というように，その店舗で扱う主力ブランド名を店舗名として使用するという独自の戦略をとっている。

同様に，セレクトショップの株式会社ユナイテッドアローズも同社が展開している店舗「ユナイテッドアローズ」において，個別のファッションごとに「UNITED ARROWS」「Another Edition」「Jewel Changes」といった多くの個別PB商品を展開している。

このように個別の商品にそれぞれ異なるブランドを付与した個別PB商品が展開されているが，いずれもクロスカンパニー社，ユナイテッドアローズ社などの流通企業が単独でブランド企業となり，自己の責任の下に，小売PB商品の創造，展開，管理を行う単独PB商品，販売者単独PB商品である。そのほかに，セブン＆アイグループ傘下のイトーヨーカドーが独自に展開している靴の

PB「グッドデイ」もそうである。

　また，個別PB商品にはこのほかに流通企業単独ではなく，製造業者ないしメーカーとの共同PB商品，すなわち，製販ダブル・ブランドPB商品もあげられる。たとえば，前述したイトーヨーカドーが展開しているファッション・ブランド「graceful day」の一部のものには，「ミズノ」と販売者イトーヨーカドーとがダブル表示されており，製販ダブル・ブランドPB商品とみなすことができる。なお，かつてまだPB商品がそれほど普及していない時に登場したコンビニエンス・ストア・チェーンのセブン-イレブンを傘下に持つセブン＆アイ・ホールディングス・グループとサントリー酒類（株）との発泡酒の個別PB商品かつ製販ダブル・ブランドPB商品「セブンプレミアム　SUNTORY THE BREWノドごしすっきり」がその一例であると思っていたが，今回調べ直したところ，「セブンプレミアム」のロゴと製造者（サントリー酒類（株）からサントリービール（株）へ）の表記は変わったが，これは紛れもなく後述する「セブンプレミアム」という統一PB商品の原型であり，個別PB商品とはいえない。

(2) 統一PB商品

　日本の大手流通企業の間で展開され，今日では主流となっているのが統一PB商品である。統一PB商品とは店舗内で複数の商品分野にわたり販売されるすべてもしくは大半のPB商品に同一のブランドを付したPB商品を意味し，単独PB商品，すなわち，販売者単独PB商品と共同PB商品，すなわち，製販ダブル・ブランドPB商品とに大きく分けられる。

　まず，単独PB商品，販売者単独PB商品の代表としては，イオングループの「トップバリュ」があげられる。同ブランドは食料品，衣料品，雑貨と幅広く展開されている。いずれの商品にも製造者の表示はなく，ただ販売者として日本最大の総合スーパーグループのイオン株式会社と表示されているだけである。したがって，同ブランドは販売者単独のPB商品ということができる。「トップバリュのパッケージ裏面ラベルには，『販売者：イオン株式会社』と『トップバリュお客様サービス係の電話番号』が記載されており，これこそ『イオンが

100％責任を持つ』という決意表明である[37]」。同ブランドは現在総合スーパーのイオンだけではなく，傘下のダイエー，マルエツ，いなげや，カスミなどの総合スーパー，そしてまた，コンビニンス・ストアのミニ・ストップにおいても展開されている。まさに同ブランドは日本の本格的なPB商品流通革命のトップランナーである。なお，同ブランドはPB商品とはいえ，テレビCMで広告され，現在ではナショナル・ブランドからさらに発展し，東南アジアでも展開されているリージョナル・ブランドとなっている。このイオングループの「トップバリュ」は製造業者ないしメーカーのブランド力を利用せず，イオン単独かつ独自のPB商品を目指したもので，典型的なPB商品であるといえる。

　また，コンビニの100円ローソンで主として展開されている「バリューライン」も原則として販売者単独PB商品である[38]。その他にも，100円ショップのダイソーは一部の商品にPB「Produced for DISO JAPAN」の展開を始めているが，表記には(株)大創産業とあり，これも販売者単独PB商品とみなすことができる。

　次に，共同PB商品，製販ダブル・ブランドPB商品であるが，現在では，小売PB商品の主流となって発展している。たとえば，セブン＆アイグループが創造し，展開しているPB商品「セブンプレミアム」があるが，その中のどのアイテム・ブランドについてもいえることは，すべて次のような表現がある。「この商品はセブン＆アイグループと○○との共同開発商品です」（○○は製造者ないしは製造に責任を持つ販売者）。そして，すべて問い合わせ先はセブン＆アイグループではなく，製造者ないしは製造に責任を持つ卸ないしは輸入元に相当する販売者となっている[39]。したがって，ブランドのモノの部分の責任は共同開発のパートナーである製造企業ないしは販売者にあり，セブン＆アイグループは店舗での販売だけに責任を持つダブル・ブランド商品，すなわち，製販ダブル・ブランドPB商品にほかならない。近年，同グループは価格訴求という従来のPB商品の概念を打ち破った高価格のPB商品「セブンゴールド」の展開を開始したが，これも「セブンプレミアム」と同様製販ダブル・ブランドPB商品である。因みに同グループには，セブン-イレブン，イトーヨーカ

ドー，西武そごう，ヨークベニマル，ロフト，アカチャンホンポなどがある。この「セブンプレミアム」は国内市場だけではなく，すでに中国市場でも展開され始め，「トップバリュ」と同様にリージョナル・ブランドとなっている。

　コンビニエンス・ストアのローソンのPB商品「ローソンセレクト」も同様である。ただし，表記は，製造者，商品供給元，販売者，販売元と一様ではないが，お問い合わせ先は一様にローソン・カスタマーセンターとなっている[40]。コンビニエンス・ストアの第3位のファミリーマートも同様にPB商品を展開しているが，そのPB商品「ファミリーマートコレクション」も製販ダブル・ブランドPB商品である。なお，コンビニエンス・ストアの中堅チェーンのスリーエフも独自のPB商品「FSTYLE」の展開を始めているが，これも製販ダブル・ブランドPB商品である。

　単独では販売力も大きくなく，ましてやPB商品を企画・開発する人材も乏しい中小の小売業者は大手の小売チェーンのPB商品，かつまた，メーカーのMB商品に対抗するために，共同でPB商品の企画・開発を始めている。共同仕入れをするボランタリー組織がPB商品の主体となるものが多く，その代表としては，たとえば，全国3,800店舗の中小食料品スーパーを加盟店としているCGC 'Co-operative Grocer Chain' があげられる。同チェーンは1,300品目を超えるPB商品「CGC」を共同開発し，全国の加盟店がそれらの製販ダブル・ブランドPB商品を販売している。なお，詳しくいえば，「CGC」の統一PB商品は次のサブPB商品に分かれている。中心となる「CGC」，品質を追求した「CGCプライム」，「CGCオーガニック」，低価格を追求した「断然お得」「ショッパーズプライス」「食彩鮮品」，オリジナルを訴求する「Vパック」「Vパックゴールド」「自然のあしあと」「昔の大地」「純シャリ」「荒磯だより」「くらしのベスト」「適量適価」などに区分することができる。

　また，イオングループのPB商品「トップバリュ」，セブン＆アイグループのPB商品「セブンプレミアム」に対抗して，中小小売業者ではないが，総合スーパー準大手のユニー，イズミヤ，フジおよびコンビニエンス・ストア業界第4位のサークルKサンクスが共通のPB商品「Style ONE」を開発，展開してい

る[41]。同PB商品は製造者名表記の製販ダブル・ブランドPB商品である。同様に総合スーパー準大手のライフ[42]とヤオコーは協力して製販ダブル・ブランドPB商品「スターセレクト」を開発，展開している。その他に，私鉄系スーパーマーケット8社[43]が共同開発した製販ダブル・ブランドPB商品「Vマーク」「Vマークバリュープラス」などもある。

その他，100円ショップ・チェーンのセリアもPB商品「Seria Color the Days」を展開しているが，試しに購買した硬質カードケースのPB商品には販売者：株式会社セリア，販売元：サンノート株式会社とあり，製販ダブル・ブランドPB商品である。

したがって，この製販ダブル・ブランドPB商品は完全なPB商品と考えられる販売者単独ブランド商品とは明らかに異なるものである。日本の消費者はいまだMB志向が強く，しかもPB商品の主体である小売が商品の企画，開発やブランド創造のノウハウと人材が十分でないために，モノの生産やブランド創造に対する全責任を負わず，その一部の販売だけの責任を担うという限定されたPB商品ということになるのであろう。

しかしながら，製販ダブル・ブランドPB商品とはいえ，これらのPB商品の進展が生産者，メーカーだけではなく，日本の流通に大きな影響を与え，PB商品流通革命を推し進めているのは言を俟たない。日本の小売も世界市場でグローバル流通企業との競争に直面すれば，いずれかの日には，販売責任だけのPB商品からブランドの全責任を負う本格的なPB小売企業へと発展することと思われる。製販ダブル・ブランドPB商品はあくまでも製造業者と販売業者との妥協の産物であり，販売者単独PB商品への過渡的なPB商品といえるであろう。

(3) ストアPB商品

ストアPB商品とはストア（店舗）名とPB商品名が同一のものとPB商品であるがブランド・ネームが付与されていないものがある。

小売PB商品の展開形態にはいくつかのものあるが，そのひとつは，（日本で

はほとんどみられないものであるが）アメリカの流通企業にみられる垂直統合によるPB商品があるが，その他に，商品の個別ブランドとしてではなく，店舗名をブランド名として誕生したPB商品がある。その代表的な例としては，アメリカの流通企業シアーズ社のPB商品「シアーズ」やクローガー社のPB商品「クローガー」[44]があげられる。このように個別PB商品でもなく，統一PB商品でもない，店舗名をストア・ブランドとしてPB商品に付すものが総合スーパーだけではなく，専門店チェーンにも誕生してきた。

　日本の事例でいえば，「トップバリュ」より歴史が古く，組織変更をしながら今日まで大きく発展したために必ずしも小売PBとはいいがたいが，その源は明らかに小売PBであったのが，現在，株式会社良品計画が展開している「無印良品」である。同ブランドは，1980年，当時のセゾングループの総合スーパー，西友のPB商品として始まったもので，アイテム数はわずか40（家庭用品9品目，食品31品目）であった。1989年，同ブランドは西友のPB商品から，株式会社良品計画のブランド商品へと進化し，現在では7,000アイテム以上に拡大し，およそ生活に必要とされる，あらゆる分野にわたっている。同社は生産機能を持っていないので，メーカーではなく，あくまでもブランド企業ということになる。また，同社は生産ばかりではなく，商品の企画においても外部の人材に依存している。たとえば，プロダクト・デザイナー，グラフィック・デザイナー，クリエイティブ・デザイナーなどである[45]。

　「無印良品」は西友という小売PB商品からその展開が始まったが，現在では，同ブランドを展開している良品計画は単なる小売ではない。コンビニエンス・ストアのファミリーマートに販売のコーナーを持っていることからわかるように卸でもあり，いわばブランド商品を展開している一種の商社とみなすこともできるが，同社は同ブランド商品だけを販売する直営の「無印良品」という小売チェーンを運営している小売部門が経営の中心である。

　同ブランド商品は，不思議なことにほとんどの商品[46]にブランドネーム，ロゴなどのブランドを表示するものはなく，あるのは販売者株式会社良品計画という表示だけである。商品のタグを調べてみると，「無印良品」という表示の

あるものもあり，ないものもあり，また株式会社良品計画の表示があるものとないものとあり，表示の統一がみられない[47]。したがって，「無印良品」は商品ブランドではなく，ストアPB商品ということになるのである。しかもいずれの商品にも製造業者表示は全くなく，販売業者である株式会社良品計画の単独のストアPB商品，すなわち，販売者単独PB商品ということになる。なお，同ブランド商品のアイテムには，一般商品だけではなく，メカニズム商品まで展開されており，まさに日本のPB商品流通革命を代表するPB商品のひとつである。

さらに，同ブランドは「MUJI」として，現在では，リージョナル市場，グローバル市場を目指しており，明らかにPBを超えた存在になっており，MBと何ら変わらなくなっている。そのため，新たな認識と理解とが必要となってきている。したがって，「無印良品」の事例からもMB，PBというこれまでの区分は再検討をしなければならないということになる。

次に，SPAによる衣料品のPB商品，すなわち，ストアPB商品についてみてみたい。SPAは 'specialty store retailer of private label apparel' の省略形である。日本では，通常，製造小売業と訳されているが，これは誤訳に近いものである。というのは，製造小売業というのは自らが製造し，それを消費者に直接販売する小売も兼ねていると理解され，たとえば，タイヤのメーカーである株式会社ブリジストンが中核チャネルとして小売のタイヤ館を展開していること[48]がその一例であるが，他にも菓子屋，豆腐屋，弁当屋などが製造小売に該当するが，それらはいずれもSPAとはみなされない。英語 'private label apparel' を見ればわかるように，あくまでもアパレルに限定されるのである。しかもこの英語での定義には製造を意味する言葉はない。

そこで，SPAの元祖の「GAP」についてみてみれば，当初，ジーンズの「リーバイス」の小売から出発し，その後，自らのPB商品「GAP」を創造し，製造は下請けに発注し，自らの店舗で販売するSPAというビジネスモデルで成功し，現在，全世界に3,000店以上の店舗を持つ一大小売チェーンにまで発展してきている。なお，「GAP」のネーミングはジェネレーション・ギャップ 'generation gap' に由来するといわれている。現在では，ブランド拡大を行

い，「ギャップ・キッズ」'GAP KIDS'，「ベビー・ギャップ」'baby GAP' など
を展開している[49]。「GAP」は，今日，GAP Inc.の企業ブランドでもあり，か
つまた展開する小売チェーンのストア・ブランドでもあるが，その元は衣料品
の商品ブランドである。「GAP」は衣料品PBのパイオニアのひとつであるが，
多くの消費者はPBとはみなしていない。その結果，「GAP」は単なるPBを超
えた存在であり，ある意味では，PB商品流通革命を世界中でリードしている。

　したがって，SPAとはメーカーではない，衣料品小売が創造するファッショ
ン・ブランドに力点があるビジネスモデルということになるであろう。同様
に，ファストファッションの「ZARA」「H&M」も基本的にはSPAである。一
方，日本では「GAP」のビジネスモデルをフォローした「ユニクロ」がSPAの
代表的成功事例といわれているが，両者には決定的な違いがある。つまり，
「GAP」は企業ブランド，ストア・ブランドを兼ねてはいるが基本的には商品
ブランドであるが，「ユニクロ」は（持ち株会社移行によるSPA衣料品事業が株式
会社ユニクロとして新規に設立された後には企業ブランドとなったが）ストア・ブ
ランドのままで商品ブランドとしての「ユニクロ」はいまだ存在していない[50]
というブランドのカテゴリーの違いがある。

　「ユニクロ」について簡単に記せば，1984年，それまで山口県宇部市で男性
向け衣料品店を経営していた小郡商事株式会社が広島市で開店したユニセック
ス・カジュアル衣料品店 'Unique Clothing Warehouse' が，「ユニクロ」とし
ての第1号店，すなわち，創業にあたる。「ユニクロ」の呼称はこの店名に由来
するものである。「ユニクロ」の店舗は順調に増加し，1991年には株式会社
ファーストリテイリングへと社名変更し，1997年ごろから，「GAP」をモデル
としたSPAへと事業転換を進め，低価格・高品質の衣料品の開発，展開を行
い，フリースで爆発的な成功をおさめた。さらに，2005年には同社が持ち株会
社移行に伴う会社分割でSPA衣料品事業を株式会社ユニクロとし，株式会社
ファーストリテイリングの完全子会社となった。その後，ヒートテック，ブラ
トップ，エアリズムなど機能性を加えた商品や女性ものの商品を開発し，それ
に成功し，日本全国を網羅する小売のナショナル・チェーンを実現するととも

にイギリスをはじめとしてアメリカ，フランス，ロシア，中国，香港，台湾，韓国，シンガポール，マレーシア，タイ，フィリピンとグローバル化を目指して積極的に外国進出を行い，現在では，グループでの売上が1兆円をはるかに超えている。今や「ユニクロ」はグローバル・ストアPB商品となりつつあるといっても過言ではない。

このようにPB商品のひとつの形態であるストアPB商品の成長は目覚ましく，PB商品流通革命の進展に大きな役割を果たしているのである[51]。

(4) サービスのストアPB商品

ストアPB商品には前述したモノPB商品だけではなく，サービスのストアPB商品も誕生している。元来，サービスはそれを提供する人により様々な出来栄えがあり，標準化，均一化，規格化は不可能であり，ブランドにはなじまないものと考えられていた。その不可能を可能としたのが，アメリカで誕生し，日本をはじめとしてグローバルに展開しているサービスのストアPB商品の「マクドナルド」である。

サービスのストアPB商品はアメリカのブランドだけではなく，メイド・イン・ジャパンのブランドも数多く創造され，展開されている。たとえば，「マクドナルド」の拮抗ストアPB商品の「モス」，牛丼の「吉野家」「すき家」「松屋」，回転ずしの「スシロー」「かっぱ寿司」「くら寿司」，ファミリーレストランの「ガスト」「デニーズ」「サイゼリア」，うどんの「丸亀製麺」「つるまるうどん」「はなまるうどん」，ラーメンの「幸楽苑」「天下一品」「博多一風堂」といった食のチェーンが日本国中にみられるようになってきた。それだけではなく，「和民」「笑笑」「庄や」といった居酒屋のストアPB商品，喫茶，カフェの「スターバックス」「ドトール」「シャノアール」と数え上げれば枚挙に遑がない。もちろん，外国生まれのサービスのストアPB商品も「スターバックス」「ケンタッキー・フライド・チキン」をはじめとして数多く展開されている。

飲食についていえば，20世紀の後半から21世紀に入り，ますます経済のサービス化が進み，生活が多様化し，消費者は多くのサービスに依存するよう

になってきている。なかでも女性の社会的進出に伴って,食の分野の変化が著しく,その結果,食に対するサービス需要が拡大し,新たな産業をもたらしてきている。外食産業の出現とファストフードの急成長である。ファストフードは「早い,安い,美味しい」というスローガンのもとに多くの人々に訴求している。早い,安いというのは誰もが認めるものであるが,美味しいという点には多少の疑問があるが,いずれにせよ大流行である。もはや多くの消費者にとってはサービスのストアPB商品が毎日の生活に必要欠くべからずの存在になりつつあるようだ。

これまで長い間われわれが食べる食事は,家庭内で主に母親が作り,外食は特別のものであり,その外食も料理屋,食事処,レストランといった飲食店の板前,調理人,料理人,シェフ,コックという専門家が作るものであり,機械化,大量生産などはもちろん不可能であり,ましてやブランド化などはできないものと考えられていた。ところが,「マクドナルド」をはじめとしたサービス・ストア・ブランドは,多くのハードルを越え,サービスの規格化,標準化をなしえ,ブランド化に成功したのである。そもそもブランドはモノ商品であるプロダクト(製品)から始まったものであるが,モノではない外食というサービスにまで拡大し,サービスのブランド,サービスのマーケティングが登場したのである。いまや多くのサービスのストアPB商品は日本中の消費者のライフスタイルを変えるとともに彼らから絶大な評価,支持を得ている。

もちろん,飲食だけではなく,そのほかのサービスのストアPB商品も誕生し,発展している。たとえば,クリーニングの「白洋舎」「スワロー」,ビジネスホテルの「東横イン」「アパホテル」「ルートイン」,不動産の「エイブル」「アパマン」「ミニミニ」「スーモ」などがあげられる。なお,サービス・ストアが創造し,展開しているモノPB商品もある。たとえば,かなり古くは1971年創造の居酒屋の「養老の瀧」のPB商品「養老ビール」,最近では「庄や」の焼酎のPB商品「はいっ!よろこんで!!」などがある。

このようにPB商品のひとつの形態であるサービスのストアPB商品の成長は目覚ましく,サービスだけではなく,独自の物販のPB商品の創造と展開を

行っており，それらすべてがPB商品流通革命の進展に大きな役割を果たし，いずれはブランド流通革命の第4段階のサービス・ブランド商品流通革命と認識されることとなるであろう。

(5) その他の小売PB商品

これまで一般商品のPB商品を中心として考察してきたが，次に，機能・性能が重視されるメカニズム商品[52]のPB商品について簡単に触れることとする。

日本の消費者のMB志向が著しく強いメカニズム商品であったが，最近になって，ようやく量販店チェーンばかりか総合スーパーなどでも，低価格競争の有力な手段のひとつとしてメカニズムPB商品をみることができるようになった。

メカニズムPB商品には次のようなものがある。

① 家電量販店のヤマダ電機のPB商品「HERB Relax」はようやく展開が始まったところであり，本格的なPBの創造，展開は今後のことになりそうである[53]。一方，ヨドバシカメラ，ビックカメラはいずれも現時点ではメーカーとの共同開発のオリジナル商品を扱い始めたところであり，本格的なPB商品の創造，展開はまだ行われていない[54]。
② 総合ディスカウント・ストアのドン・キホーテのPB商品「情熱価格」，ミスターマックスのPB商品「MrMax」。
③ ホームセンターのカインズホームのPB商品「CAINZ」。
④ 自動車関連用品の量販店のオートバックスのPB商品「AQ.」。
⑤ 楽器の全国チェーンの島村楽器のPB商品「HISTORY」「COOLZ」「BUSKER'S」。
⑥ スポーツ用品のアルペンのPB商品「IGNIO」。

他にも，統一PB商品として，すでに述べたイオングループのPB商品「トップバリュ」のなかにメカニズム商品である自転車も仲間入りしている。また，

コンビニエンス・ストアのセブン-イレブンにはメカニズム商品である乾電池のPB商品「セブンプレミアム」が棚に並べられている。

したがって，小売PB商品に関していえば，一般商品とメカニズム商品の区別なく，すべての商品がPB化を始めている。もちろん，一般商品のPB商品と同様にメカニズム商品のPB商品も個別PB商品，統一PB商品，ストアPB商品および単独PB商品・販売者単独PB商品，共同PB商品・製販ダブル・ブランドPB商品と多種多様なパターンがある。換言すれば，小売企業のPB戦略の違い，小売企業と製造業者ないしメーカーとの力関係などケース・バイ・ケースで小売PB商品が創造され，展開されているのである。それらの小売PB商品が流通を変え，現在，PB商品流通革命となって進展しているのである。

7 MB商品 VS PB商品

日本では1960年代に始まったブランド商品流通革命からかなり時間が経った20世紀末ないし21世紀初頭になってようやくPB商品流通革命を迎えた観があるが，流通の先進国アメリカでは20世紀初頭にはすでにブランド商品流通革命とPB商品流通革命が進行しており，かなり早くからMB商品対PB商品の競争が行われていた。F.E.Clarkによれば[55]，19世紀後半に登場した大量生産，それに伴って標準化されたプロダクト（製品）に付与されたブランド商品が時を経て次第に発展し，20世紀初頭になり，新たな競争，競合関係が出現している。すなわち，製造業者ないしメーカーのMB商品とジョバーのPB商品との流通のリーダーシップをめぐる激烈な競争が起こったが，次第に大規模化した製造業者ないしメーカーが生産力と資本力の拡大を背景に，自ら生産したプロダクトにブランドを付し，マーケティング活動を行うようになり，その結果，MB商品は流通業者のPB商品に対し明らかな優位を持つようになった。

アメリカでは総合スーパーだけではなく，コンビニエンス・ストアも誕生当初より品揃えとして棚にはMB商品とPB商品とが並べられており，多くの商品分野でMB商品とPB商品との競争が行われていた。もちろん，ブランド志

向の消費者はMB商品を購買し，一方，コスト・パフォーマンスを重視する消費者はPB商品を買うということになる．

ところが，日本では，多くの消費者がメーカーへの信頼，すなわち，MB商品へのブランド・ロイヤリティが強く，たとえば，総合スーパーの特売で40円のコーラ商品が売られていても，多くの消費者は120円の「コカ・コーラ」を平気で買うといったことが長年続いてきていた．日本におけるPB商品の先駆的総合スーパーのひとつであるダイエーがかなり前からPB商品「セービング」[56]を開発し，MB商品と並んで棚に置いたが，多くの消費者はメーカーのブランドであるMB商品を価格がかなり高いにもかかわらず，購入し続けるという状況であった．

しかしながら，20世紀末のバブルの崩壊により，日本経済が失われた20年といわれるデフレを伴った長い不況に入り，ようやく日本の消費者もMB商品一辺倒から次第に価格と価値，すなわち，コスト・パフォーマンスを考えるようになってきた．その結果，PB商品もMB商品と同じ目線で扱われるようになり，日本にもMB商品対PB商品の競争が出現した．

PB商品を開発・展開する卸と小売は，安かろう悪かろうではなく，品質が良く，しかも価格が安いPB商品創りに努力したのである．ある場合には有力，有名なブランド企業のメーカーと協力し，また，ある場合には，低コストでOEMが可能な外国のメーカーと提携してPB商品を創造・開発し続けているのである．多くの試行錯誤を経て，今やPB商品はMB商品と対等の土俵で勝負ができるようになったのである．

その結果，日本の流通市場では本格的なMB商品対PB商品の競争がまさに進展しているのである．両者の競争の本質を考えてみれば，商品の価格決定権と利益（マージン）配分権の争いなのである．まず，商業資本主義の時代には卸がモノ商品，そして，後には卸PB商品の価格決定権と利益配分権を持っていたが，次に，産業資本主義の時代に入るとMB商品を創造し，展開するメーカーがMB商品の価格決定権と利益配分権を持ったのに対し，小売PB商品を創造し，展開し始めた大手小売企業がようやくそれらの権利をめぐる争いにた

どり着いたのである。その一方，メーカーと大手小売とが利害の一致を見出し，競争を避け，共存，共栄を図って展開されているのが，製販ダブル・ブランドの小売PB商品である。

8　MB商品のPB商品化とPB商品のMB商品化

　すでに述べたように缶コーヒーのブランド「BOSS」は多くの消費者が気付いていないが製造者サントリー株式会社のMB商品から販売者サントリーフーズ株式会社の卸PB商品へと変化している。このようなMB商品の卸PB商品化の事例は，その他にも数多くみられる[57]。その一方，卸である伊藤園株式会社は「お〜いお茶」を卸PB商品として展開しているが，自らが茶畑と製造工場，すなわち，生産機能を持つようになり，その結果，同社は現在では茶葉の「お〜いお茶」をMB商品として展開している。卸PB商品のMB商品化である。このように一般商品のMB商品と卸PB商品はもはやボーダレスである。
　日本ではメカニズム商品のPB商品化は一般商品の小売PB商品化と同様にアメリカや一部のヨーロッパ諸国と比べるまでもなくかなり遅れて始まった。現在ではほとんどの商品がPB商品化されてきている一般商品に対し，メカニズム商品のPB商品化はいまだ限定されている。しかしながら，メカニズム商品の量販店ばかりではなく，たとえば，これまで家庭用プラスチック製品の製造・販売を行ってきたアイリスオーヤマ株式会社[58]は家電メーカーをリストラされた人材を集め，EMSへ生産を委託し，独自の家電製品のPB商品化を行なうようになった。その後，同社はPB商品のラインを拡大するとともにEMSから自社生産への切り替えを始めている。また，生産技術の革新の結果，激しい価格競争に陥ったデジタルカメラの「カシオ」にみられるように，これまでカシオ計算機株式会社が自らが製造したMB商品であったが，今やOEM生産に依存し，同社は販売者の立場から「カシオ・エクシリム」を展開している。すなわち，製造者から販売者へ，MB商品の卸PB商品化である。
　そのような中で，もともとはパソコンのメーカーであったアメリカのアップ

ル社が画期的な携帯電話のブランド「iPhone」を創造し，全世界の市場で展開し，大成功をおさめている。同ブランドについていえば，同社はメーカーではなく，EMSに依存している卸ということになる。したがって，同ブランドはMB商品ではなく卸PB商品ということになるのである。生産技術水準がブランド力を左右するため，これまであまりみられなかった最先端のメカニズム商品にもEMSの出現と発展によって卸PB商品が現れたのである。しかしながら，世界中の消費者は同ブランドをPB商品だとは認識しておらず，メーカーのアップル社のMB商品だと認識しているのである。このように消費者はMB商品と卸PB商品の区別がつかなくなり，その結果，両者の垣根はかなりなくなりつつある。

したがって，現在では，一般商品にせよ，メカニズム商品にせよ，メーカー・ブランドであるMB商品と流通業者のブランドであるPB商品とを区別する明確な基準が次第になくなってきている。従来は広告をするのがMB商品で，一方，PB商品は広告をしないといわれてきたが，イオングループは小売PB商品の「トップバリュ」，セブン＆アイグループは小売PB商品の「セブンプレミアム」のテレビCMを行っている。その結果，ますますMB商品，PB商品の違いが判らなくなってきている。そのためブランドを創造，展開，管理する企業は，メーカーにせよ卸，小売の流通業者にせよブランド企業と一律に考えるべき時が来ているのかもしれない[59]。問題はブランドが消費者に評価，支持されるか，されないか，その結果として，ブランド力を持つか，持たないかということになるであろう。換言すれば，ブランドの主体が誰であろうとも，また，そのモノの部分を誰が作ろうが，市場の消費者がブランドとして認知，評価したものであれば，それはブランドであり，その主体がブランド企業ということになる。

MB商品の展開とPB商品の発展がようやく同一のベクトルに向かうようになり，それはそのままブランド流通革命を促進する結果となってきている。考えてみれば，ブランド企業とはブランドを創造，展開，管理するマーケティング企業のことであり，メーカー，流通業者（卸，小売）といった流通機関の区分

図表11 新たなブランド商品分類──MB商品とPB商品の発展形態

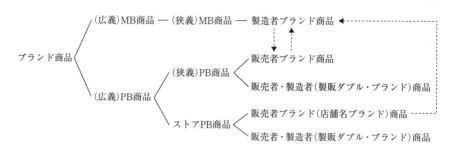

とは関係がないものなのである。今後，誤解が生じないようにするためには，図表11「新たなブランド商品分類──MB商品とPB商品の発展形態」に示されるようにブランドはMB商品，PB商品といったこれまでの区分ではなく，ブランドに表記される製造者ブランド，販売者ブランド，販売者・製造者（製販ダブル・ブランド）の3種類に分類することが必要となるであろう。したがって，PB商品流通革命はブランド流通革命という大きな流れの中でいずれはブランド商品流通革命と一体化することになるであろう。

9　伝統的卸，小売の衰退，消滅

　前章，ブランド商品流通革命ですでに論じたように，多くの伝統的流通機関である卸，小売は，ブランド商品流通革命に直面し，ブランド企業の消費者に対するMB商品の情報発信とそれに起因する消費者のMB志向の強まりになすすべもなく，次第に商権と彼らが長い間果たしてきた流通機能を失い，ただ衰退，消滅へ向かっている。それはこれまで卸，小売が果たしてきた生産者，製造業者，メーカーからの商品情報を受容し，伝達するだけでは十分な機能とはみなされなくなったからにほかならないのである。そこで，卸にせよ小売にせよ，PB商品という自らのブランドの創造と情報の発信が重要となってきたのである。それに成功した一部の卸と小売だけが生き残れるというPB商品流通

革命が起こり，ますます競争が厳しくなり，多くの伝統的卸，小売はその革命への対応に失敗し，敗北者になりつつある。

　伝統的卸はブランド商品流通革命でかなり衰退し，MB商品のブランド企業による再編成に巻き込まれ，ある者は消滅し，また，ある者はブランド企業の代理店としてかろうじて生き残っている有様である。それに輪をかけたのがPB商品流通革命である。自らが卸PB商品の開発，展開に成功するという例外的な場合を除いては，それまでの顧客であった大規模小売のPB商品という新たな脅威が加わり，MB商品と小売PB商品との挟み撃ちにあい，見えないところで，伝統的卸はより一層の衰退，消滅へと向かっているのである。

　一方，伝統的小売の衰退も甚しく，それが見える形で進行しているのが，歴史のある街の商店街が知らないうちにシャッター街になっていることである。もちろん，このような商店街の衰退は彼ら中小零細規模の小売が，単純にいえば，価格競争に負けたということになるのである。換言すれば，大手小売チェーンの大量仕入れによるMB商品の低価格仕入，低価格販売だけではなく，その低価格以上に低価格な小売PB商品の開発，展開があり，彼らが商う商品は輪をかけて価格競争力を失ない，かつまた，新たな付加価値の創造もできず，ブランド商品流通革命とPB商品流通革命の2波にわたるブランド流通革命の進展によって，衰退，消滅へと向かっているのである。

　伝統的卸，小売といわれる彼ら流通業者にとっては，ブランド企業によるブランド情報機能[60]の遂行に立ち向かうことができず，その結果，ブランド商品流通革命で打撃を受けたが，さらに追い打ちをかけるようにPB商品流通革命は彼らを限界業者へと追いやり，彼らのビジネスの幕引きをさせる悪役のひとつになっている。したがって，伝統的卸，小売はまさにブランド流通革命の影の主役と成り下がっているのである。

10　消費者の変化

　これまで論じたように，日本ではアメリカ，ヨーロッパよりかなり遅れてよ

うやく本格的なPB商品流通革命が始まったが，その展開は急速かつダイナミックである。当初，消費者はPB商品への偏見や理解不足があったが，次第にPB商品への購買経験を重ねることによって，PB商品もMB商品も同じブランドとして理解するようになってきた。したがって，PB商品流通革命それ自体がブランド流通革命のもうひとつの中核的な存在となってきているのである。

日本の消費者は有名かつブランド力のあるMB商品の崇拝が強く，他方，作ったのがどこの誰かがわからないPB商品を信頼せず，拒否反応が強かった。しかしながら，消費者の反応が変わった。生産技術の向上，メーカー間の競争と企業努力により，特殊な商品を除いては，どの生産者が生産してもその産出物であるプロダクト，すなわち，モノにはそれほど大きな差異がないことを認識する消費者が出現し，その数と比率が増大しているのである。これらの消費者が，たとえば，イオングループの小売PB商品「トップバリュ」を試しに1度購入したところ，その満足は価格が安いにもかかわらずMB商品とほとんど違いがないと認識し，その結果，繰り返し「トップバリュ」を購入し続けることとなった。したがって，消費者のPB商品に対する評価と支持にもとづく購買行動の変化が日本におけるPB商品流通革命を進展させている大きな要因となっている。

しかしながら，PB商品がブランドとして成功するのは簡単なことではない。というのは，多くの消費者は懐疑心が強く，保守的で，ブランド・スイッチをなかなかしないという一面を持っている。すなわち，MB志向がそれだけ強いといえるのである。このような消費者に価格が安いといってPB商品を訴求しても，安かろう悪かろうと見向きもしない消費者がこれまで多数を占めていたのは事実である。そのような消費者の商品認識やブランド認識を打ち破るのは容易ではなかった。

ところが，20世紀末のバブルの崩壊以降，デフレを伴う長く続いた平成不況の結果，日本の消費者の大半は所得が減少し，ようやくブランド志向から価格志向への変化がみられるようになった。そこに，低価格訴求のPB商品が登場したが，低価格だけでは消費者のMB商品からPB商品へのブランド・スイッ

チがスムーズに進展したわけではない。PB商品の成功の理由としては，もちろん低価格があげられるが，むしろそれ以上に品質を訴求して，それに成功して，初めてPB商品は消費者に受け入れられたと考えられる。それは小売PB商品のブランド名をみてみれば，推測できる。たとえば，「トップバリュ」「セブンプレミアム」「ローソンセレクト」「ファミリーマートコレクション」といったように品質，価値へのこだわりの訴求を意味するものが多い。したがって，小売PB商品の成功は消費者への単なる低価格の訴求だけではなく，同時に，品質，価値の訴求に成功したものと考えられる。それがMB商品以上の満足を提案する高品質，高価格の小売PB商品の登場の背景となっているのである。

　要するに，流通企業の努力の成果であるPB商品に対し，消費者が二度変化したのである。一度目は，消費者がPB商品の低価格のために，MB商品から何のこだわりもなく，それまでのMB商品に対する信頼やロイヤリティを放棄して，PB商品へとブランド・スイッチをしたこと。そして，二度目は，消費者が従来の目利き，専門家，購買代行者としての流通，特に小売に対する信頼を復活したことである。その結果，MB商品よりもかなり高価格のPB商品であっても，高品質，美味しい，健康にいい，肌に優しいなど，消費者の求めに答えたPB商品に対し，高価格にもかかわらず予想以上の支持と評価をするようになったのである。

　このような消費者のPB商品に対する大きな変化とそれへの評価・支持がPB商品流通革命をまさに推し進めているのである。

11　PB商品流通革命の新展開

　PB商品流通革命は現在進行中である。
　まず，PB商品流通革命によって，市場には多くのPB商品が展開されるようになり，これまでのMB商品同士の単純な競争から，MB商品対MB商品，MB商品対PB商品，PB商品対PB商品というように競争が著しく多様化するとともに複雑化してきている。それはまた単なる価格競争だけではなく，品質競争

でもあり、その結果、消費者にとっては選択の自由の幅が大きく広がった。

次に、かつて本当に売れている小売PB商品は少ない[61]といわれたことから状況は様変わりした。大手小売グループはその巨大な販売力を背景に品質にこだわりを持った独自のPB商品を創造し、しかもMB商品より低価格で販売するという価格訴求を行い、次第に消費者の評価、支持を得て、商品数、品目数も充実、拡大してきている。その結果、小売PB商品の売上高および総売上に占める比率が軒並み上昇している。たとえば、小売PB商品の代表として、「セブンプレミアム」と「トップバリュ」の売上推移は図表12「『セブンプレミアム』と『トップバリュ』の売上推移」に示される如くである。なお、2014年度には「セブンプレミアム」の売上が「トップバリュ」のそれを追い越した。

第3に、大手総合スーパーなどのように商う商品ラインが幅広く、多種多様にわたる場合には、新たな小売PB商品の投入とともにこれまでの小売PB商品の整理・統合が始まっている。たとえば、セブン&アイグループのイトーヨーカドーでは、「セブンプレミアム」だけではなく、靴の「グッドディ」をはじめとした複数の小売PB商品を展開していたがそれらの整理・統合を始めている。また、西友では「グレートバリュー」を終了させ、「みなさまのお墨付き」などに統合し始めている。

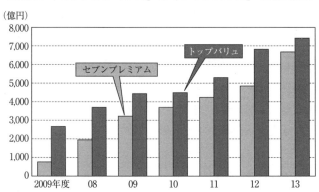

図表12 「セブンプレミアム」と「トップバリュ」の売上推移

出所：東洋経済新報社編『会社四季報業界地図』p.43, 東洋経済新報社, 2014年。

第4に，巨大な販売力がない中小の小売および小売チェーンも単独では困難であるが，共同でPBを企画・開発し，大手と同様に独自のPB商品を展開するようになってきた。たとえば，ボランタリー・チェーンのCGCが展開しているPB商品「CGC」，ユニー，イズミヤ，フジ，サークルKサンクスの共通PB商品「Style ONE」などである。
　第5に，これまで低価格訴求が主であったPB商品の概念を打ち破る高品質訴求の高価格の小売PB商品が出現してきた。たとえば，イオングループの「TOPVALUE select」，セブン＆アイグループの「セブンゴールド」，ローソンの「ローソン極（きわみ）」，ファミリーマートの「ファミマ・プレミアム」などである。そして，ドラッグストアのマツモトキヨシのシャンプー，リンスの「MKアルジェラン」である。これらの小売PB商品は従来のPB商品ばかりか，多くのMB商品よりも高品質であり，かつまた高価格で展開されている[62]。今のところ，一部の消費者からはかなりな評価と支持を集めているようである。その結果，同一の小売チェーンが複数の小売PBを展開する戦略をとることとなった。上記の事例に即していえば，イオングループは「トップバリュ」と「TOPVALUE select」，セブン＆アイグループは「セブンプレミアム」と「セブンゴールド」，ローソンは「バリューライン」「ローソンセレクト」「NATURAL LAWSON」と「ローソン極」，ファミリーマートは「ファミリーマートコレクション」と「ファミマ・プレミアム」，マツモトキヨシは「MK customer」と「MKアルジェラン」というように，明らかに異なる消費者をターゲットとした複数の小売PB商品の展開である[63]。
　第6に，靴の量販店のABCマートでは，現在，「VANS」「Hawkins」「NUOVO」など複数の小売PB商品を展開しているが，その中で「VANS」「Hawkins」は商標権を買収によって獲得したもので，これらのブランドはABCマート以外の靴のセレクトショップが仕入れ，販売することも始まっており，単なる小売PB商品から逸脱するケースもみられる。このように既存のブランドを買収し，自己のPB商品の拡大を図るブランド企業が増大している。その他にもストア・ブランド「ユニクロ」を展開しているファーストリテイリング社による

「セオリー」「ナショナルスタンダード」などのブランドの買収があげられる。

第7に, 全国展開をなしえたコンビニエンス・ストア・チェーンに地域限定のPB商品が誕生している。たとえば, 沖縄県限定のローソンのPB商品「あんだんすー」, ファミリーマートのPB商品「シークァーサー」などがある。

さらに, これまで小売PB商品は特定の小売チェーンの店舗だけで専属的に販売されていたが, 小売PB商品をボーダレスにまとめて取り扱うアマゾンのサイト「プライベートブランドストア」の立ち上げがあった。いよいよネット通販大手のアマゾンが小売PB商品市場に参入した。といっても, アマゾンだけの小売PB商品の通販ではなく, アマゾンをはじめとして, マツモトキヨシ, 成城石井, 東急ハンズなど15社の人気小売PB商品を販売するサイトである。商品カテゴリーはAMAZONベーシック, DIY・工具, ペット用品, ガーデン用品, カー・バイク用品, パソコン・周辺機器, 家電＆カメラにわたり, 商品の総品目数は32,000にのぼる。小売PB商品の流通市場への新たな競争者の出現である[64]。

まさに何でもありのPB商品流通革命である。

12　お わ り に

MB商品によるメーカー主導のブランド商品流通革命に対抗した新しい動きが流通業者から生まれたのである。それがPB商品の登場である。日本では卸PB商品は江戸時代からみられかなり長い歴史があるが, その一方, 小売PB商品はアメリカではシアーズ社にみられるように100年以上の歴史があるのに対し, 日本ではようやく最近になり大手の総合スーパーなどでみられるようになってきた。しかしながら, 欧米の大手総合スーパーと比べると日本の大手総合スーパーは依然としてPB商品の比率が低い。確かに日本では小売企業の本格的な小売PB商品への参入は最近の出来事であるが, その多くのものはまだ製造業者ないしメーカーとの製販ダブル・ブランドPB商品が多い。一方, アメリカの小売業者のウォルマート社の小売PB商品「グレートバリュー」や

ジーンズの小売業者が新たなブランドの創造,展開に成功した「GAP」のように,PB商品であるにもかかわらず,MB商品のブランド企業のようにみなされるようになり,しかも今や「グレートバリュー」「GAP」はグローバル・ブランドとなっている。したがって,日米のPB商品についていえば両者の間にはかなり発展の差異が依然としてみられる。ただし,日本にも「ユニクロ」のように「GAP」のビジネスモデルを模倣して新たな展開をするストアPB商品が現れ,急速な発展をしているのは周知のことである。

しかしながら,卸PBは日本でもかなり前から存在している。それらには,ファッション・ブランド,衣料品ブランド,缶詰などの食品ブランド,等々があげられる。ファッション製品や衣料品の生産者は中小企業が多く,ブランドの確立には資本的,人的に困難な点が数多くあり,しかも売れ残りが発生するというリスクも高い。したがって,古くから資本力や販売力がある卸が「ワールド」「エトワールカイト」「レナウン」「オンワード樫山の組曲」等々の卸PB商品,また,ライセンス生産による,たとえば,三陽商会の「バーバリー」といった卸PB商品の展開をしているのである。その他,一部の食料品のブランドについても同様である。

本章では,これまで誤解と混乱のもとにあったPBの明確な定義と位置づけを試みたにもかかわらず,現実はより早く変化をしており,次第にMB商品のPB商品化とPB商品のMB商品化が進み,MB商品とPB商品との違いがなくなり,両者を区別するより単純にブランド商品として認識,理解すべき状況になってきている。換言すれば,ブランド商品の主体であるブランド企業が,生産者,製造業者,メーカーでも,卸,小売でも,主体企業の形態に関係なく,消費者がブランド認識したものがブランドであり,ブランド認識されていないものは,たとえ,MB商品,PB商品といったブランドを自称しても,それらはモノ商品ということになる。いずれPB商品がプライベートを取り,単なるブランド商品となり,さらに流通に大きな影響と変革を起こすと思われるが,それがほかならぬPB商品流通革命の進展の結果ということである。すでにその兆候のひとつとして,本来卸のPB商品であるアパレル・ブランド商品に多く

の事例をみることができる。

　次に，当初，小売PB商品であった「無印良品」がPB商品を超越し，MB商品化し，今やグローバル・ブランドを目指しているが，果たしてそれに続くPB商品が出現するのか，どうか，今後のPB商品流通革命の成果を測るひとつの目安となるであろう。

　イオングループの「トップバリュ」，セブン＆アイグループの「セブンプレミアム」などが，グループのPB商品を超え，MB商品と同様にナショナル・ブランド，リージョナル・ブランド，グローバル・ブランドへと発展する日が来るのであろうか。もちろん，その可能性がないわけではない。たとえば，セブン＆アイグループは今やその傘下にコンビニエンス・ストア・チェーンのセブン-イレブンを世界中で3万8千店舗（2010年5月現在）[64]も抱えており，現在では日本と中国といった限られた市場だけで展開している「セブンプレミアム」を全世界のセブン-イレブンの店舗すべてで展開をしたならば，その成果は単なるグローバルPB商品でなく，それ以上の計り知れないものとなるであろう。

　その一方では，多くのMB商品のPB商品化，つまり，メーカーであったブランド企業が生産を外部に委託し，それを仕入れ，自己のブランド商品として販売者となる事例が多くの商品分野で次第にしかも急速に増加してきている。その結果，MB商品，PB商品という区分け，分類ではなく，商品の表示に記された製造者，販売者という主体別に製造者ブランド，販売者ブランドと単純にブランドを認識すべき時が来ているのかもしれない。

　このように混沌とした中で，小売PB商品とMB商品との競争だけではなく，今や小売PB商品同士の激しい競争にまで発展し，その結果としてPB商品流通革命は急激な進展をみせているのである。それはブランド商品流通革命から枝分かれして派生したものではあるが，それを補完，促進させるものである。PB商品が発展した結果，それだけモノ商品の比率が下がり，MB商品，PB商品を合わせたブランド商品の比率がますます拡大するとともに両者は次第にボーダレス化し，まさにPB商品流通革命はブランド商品流通革命と一体化しつつあるということができるのである。PB商品流通革命はまたPB商品の

開発を契機として，準大手，中小小売チェーンの合従連衡や再編を促進する起爆剤となってきている。

　最後に，PB商品流通革命はブランド情報を巡る争いでもある。ブランド情報を創造し，発信，伝達する企業がメーカー，卸，小売にかかわりなく消費者の評価と支持を得ることを巡る厳しい競争である。その結果，多くの伝統的卸，小売は淘汰，消滅し，PB商品を受注するメーカーにとってもコスト・カットをはじめとする困難な課題が求められている。それは同時に，商品の価格決定権と利益配分権の獲得を目指した大手小売企業によるMB商品のブランド・メーカーへの挑戦でもある。今のところ，メーカーと小売の両者が利害の一致を見出し，共存，共栄を計った製販ダブル・ブランドPB商品が多いが，この関係が将来にわたって続くとは必ずしもいえないであろう。いずれ両者が衝突する時期が来ると思われる。その際，流通構造，流通システムが再度革命的に変革されるのは当然の帰結かもしれないといえるであろう[65]。

1. 真島幸雄「アメリカの小売業」ニューヨーク証券アナリスト協会編，日本勧業銀行調査部訳『販売革命の実態―デパートからディスカウンターまで―』pp.233-234, pp.246-247, 竹内書店，1963年；鳥羽欽一郎『シアーズ＝ローバック』pp.95-96, p.140, p.182, 東洋経済新報社，昭和44年；鳥羽欽一郎『バラエティストア　ウールワース』p.163, 東洋経済新報社，昭和46年；鳥羽欽一郎『スーパーマーケットA&P』pp.82-84, 東洋経済新報社，昭和46年；日本経済新聞社編『米国のビックストア』pp.39-40, 日本経済新聞社，昭和46年；西村暘「アメリカの流通王国A&P」p.22, 日本経済新聞社，昭和54年；秋川暘二『小売業の王様　シアーズの秘密』pp.89-90, 講談社，昭和63年；梶原勝美『ブランド・マーケティング研究序説Ⅰ』pp.146-148, 創成社，2010年。
2. 本章ではヨーロッパのPBについては省略して論じないが，たとえば，ヨーロッパ生協の「CO-OP」やイギリスのマーク・アンド・スペンサーなど早くからPBが生まれた。特に「CO-OP」は生協の世界統一ブランドとなり，日本でもはやくから展開され，今日では，グローバルPBとして展開されている――奥津栄一郎責任編集『生協の供給活動』p.9, （株）工業市場研究所・出版部，1988年；山内明子『ヨーロッパンの生協』p.3, コープ出版，2005年。

3. 確かに卸，小売といった流通業者のPB商品はみあたらないが，近年，新しいタイプのPB商品が誕生している。たとえば，日産自動車がOEMで軽自動車を三菱自動者に委託生産し，それに自己のブランド「ディズ」を付けて販売しているのがその一例である。このケースでは，日産自動車はメーカーではなく，商品を仕入れて販売するという卸にあたり，したがって，卸の日産自動車がPB商品である同ブランドを展開しているとみなすことができる。
4. 梶原勝美「現代流通革命（Ⅰ）－ブランド流通革命」専修商学論集第98号，2014年。
5. 日本経済新聞，2009年4月23日。
6. http://kotobank.jp/woed/%E3%83%97%E3%83%A9%E3%82%A4%E3%83%99%E3...
（2014年9月1日，閲覧）。
7. Committee on Definitions of the American Marketing Association, *A Glossary of Marketing Terms*, American Marketing Association, 1960；日本マーケティング協会訳『マーケティング定義集』（再版）p.45，昭和44年。
8. 西村哲，前掲書，pp.126-127。
9. American Marketing Association, p.151, 1990.
10. 野口智雄『PB戦略』p.27，日本経済新聞，1995年。
11. 根本重人『プライベート・ブランド』pp.3-9，中央経済社，平成7年。
12. K. Lincoln and L. Thomassen, *Private Label*, p.6, Kogan Page, 2008.
13. 加藤鉱『まやかしだらけのプライベートブランド』p.3，講談社，2009年。
14. 藤野香織『ヒットするPB商品企画・開発・販売のしくみ』pp.12-13，同文舘，平成21年。
15. 日本経済新聞社『PB「格安・高品質」競争の最前線』p.3，日本経済新聞出版社，2009年。
16. 渡辺雄一『プライベートブランドの危険度』p.4，三才ブックス，2013年。
17. 梶原勝美『ブランド・マーケティング研究序説Ⅱ』p.408，創成社，2011年。
18. 藤野香織，前掲書，pp.16-19。
19. P. D. Converse, *Fifty Years of Marketing in Retrospect*, pp. 11-16, University of Texas, 1955：梶原勝美訳『アメリカ・マーケティング史概論』pp.11-13，白桃書房，昭和61年。
20. 鳥羽欽一郎『シアーズ＝ローバック』pp.95-96, p.140, p.182；梶原勝美『ブランド・マーケティング研究序説Ⅰ』pp.146-148，創成社，2010年。
21. 西村哲，前掲書，p.12。
22. なお，「グレートバリュー」は，日本ではウォルマート社の傘下に入った西友で

販売されているが，日本の消費者には思うような評価と支持は得られてないようである。そのため，西友では，新たなPB「みなさまのお墨付き」を展開している。

23. C. Amory, 1902 EDITION OF The SEARS, ROEBUCK CATALOGUE, Crown, Publishers.
24. http://www.takeda.co.jp/company/history/（2014年9月2日，閲覧）。
25. http://www.shionogi.co.jp/company/outline/index.html（2014年9月2日，閲覧）。
26. 野口智雄，前掲書，pp.51-54。
27. 同上，p.55。
28. 同上，pp.58-60。
29. 平松さわみ他「PB商品の裏側－生産・流通・消費が激変」『週刊東洋経済2012年12月22日号』p.49，東洋経済新報社，2012年。
30. 渡辺米英『無印良品の「改革」』商業界，2006年；渡辺米英『無印良品　世界戦略と経営改革』商業界，2012年；江上隆夫『無印良品の「あれ」は決して安くはないのになぜ飛ぶように売れるのか？』SBクリエイティブ，2014年。
31. 藤野香織，前掲書，pp.30-33。
32. 木下明浩『アパレル産業のマーケティング史』p.65-99，同文舘，平成23年；山口孝「オンワード樫山の生い立ちとあゆみ」山口孝，小宮昌平，山口由二『オンワード樫山，レナウン，青山商事，アオキ』pp.29-62，1997年。
33. 木下明浩，同上，pp.213-256。
34. 梶原勝美『ブランド・マーケティング研究序説II』pp.27-29。
35. かつて製販同盟ではなく「製・配・販同盟」が主張された。「メーカー，卸売業，小売業が生活者発想の原点に立ち返って，『製・配・販』の新しい枠組みを求める『製・配・販同盟』は消費者の生活向上ニーズに対して，いかに良質で低価格の商品を，品切れなく提供していけるかについて情報と知恵と力を出し合うものであるといえる」――高谷和夫『超価格破壊と『製・配・販』同盟』pp.194-195，産能大学出版部，1994年；また，製販同盟，製販統合，製販連携ではなく，製販提携というタームを用い，協働関係を研究した渡辺達朗『流通チャネル関係の動態分析』千倉書房，1997年，がある。
36. http://crosscollection.com/brand_list.html（2015/10/24，閲覧）。
37. 近藤智「受注希望メーカーが増え幅広い商品開発が可能に」「販売革新」2014年7月号，p.21，商業界，2014年。
38. 100円ローソンの店舗で調査したところ，PB商品「VALUE LINE」のファスナーケースには製者：株式会社タンポポ，販売者：株式会社ローソンと表記され

ており，製販ダブル・ブランドPB商品もあることが判明した。

39. たとえば，「セブンプレミアム」のアイテム・ブランドには次のようなものがある。「こんがりショコラチップス」製造者：株式会社おやつカンパニー，「生きて腸まで届く乳酸菌入り　のむいちごヨーグルト」製造者：オハヨー乳業株式会社，「ダブルナッツチョコ」製造者：株式会社でん六，「野菜の甘味を生かしたマカロニサラダ」製造者：株式会社ヤマザキ，「ORANGE」販売者：名古屋製酪株式会社。

40. たとえば，「ローソン・セレクト：きんぴらごぼう」製造者：フジッコ株式会社，販売者：株式会社ローソン，「ローソン・セレクト：手打ち式うどん」商品供給元：シマダヤ株式会社，販売者：株式会社ローソン，「ローソン・セレクト：小粒納豆」販売者：タカノフーズ株式会社，販売元：株式会社ローソンと表記されている。しかしながら，100円ローソンのPB商品「ローソンバリューライン」には製造者表記がなく，したがって，ダブル・ブランドではなく，販売者単独PB商品である。また，最近，セブンアイグループの「セブンゴールド」に相当する「ローソン極」の展開を始めている。換言すれば，ローソンのPB商品には製販ダブル・ブランドPB商品と販売者単独PB商品の両者が並立していることになる。

41. 神奈川県川崎市にあるローカル・スーパーの「Venga Venga」にもPB商品「Style ONE」が展開されている。

42. なお，ライフはその他に独自のPB商品「スマイルライフ」と（全国各地の有力チェーンストア17社と生活協同組合3協が結集し，加盟各社はそれぞれ独自の経営理念を持ち，自主独立の精神を堅持しながらも共同体としてのメリットを生かし，また相互のノウハウの交換をするなど，その持てる力を最大限に発揮するために設立された）ニチリウ・グループの共同PB商品「くらしモア」を展開している。

43. 小田急商事(株)，(株)京王ストア，(株)京成ストア，(株)京急ストア，(株)相鉄ローゼン，(株)東急ストア，(株)東武ストア，(株)アップルランド，以上私鉄系スーパーマーケット8社の共同出資によって，PB商品の企画・開発企業(株)八社会を設立した。後に，(株)よこまち，(株)広電ストアも参加し，現在は10社が加盟している。

44. 西村哲，前掲書，p.136。

45. 江上隆夫『無印良品の「あれ」は決して安くはないのになぜ飛ぶように売れるのか？』p.60，SBクリエイティブ，2014年。

46. もちろん，中には次のようなものもある。「無印良品」アロマを楽しむ炭酸水アプリコット＆すもも，販売者：株式会社良品計画。

47. たとえば，文具の消しゴムには良品計画の表示があるが，ボールペンには何も表示がなく，ただ，さらさら描けるゲルボールペンとあるのみである。なお，同じ文具であるが，植林木ペーパー裏うつりしにくいダブルリングノート「無印良品」；植林木ペーパー　ダブルリングノート「無印良品」株式会社良品計画，とあり，表示の一貫性が見受けられない。また，衣料品についていえば，いずれの商品にも何ら表示がなく無印であるが，タグには，たとえば，オーガニックコットンやわらかタオルハンカチ，「無印良品」，株式会社良品計画：オーガニックコットンやわらかタオルハンカチ，株式会社良品計画；とあり，「無印良品」が表示されているもの，ないものがあり，一貫性がない。
48. 吉川京二『製造小売業革命』pp.1-2，プレジデント社，2004年。なお，同書の中では，製造小売業について次のように定義されている。『『製造小売業を定義すれば，『生産から販売（製造から小売り）までの一気通貫した役割を構築し，効率的な運営を続ける企業と言える。言い換えれば，『メーカーでありながらも小売業を併せもつメーカー』ということだろう。』——同書，p.16。
49. GAP社は，現在，「GAP」以外にも「オールド・ネイビー」と「バナナ・リパブリック」のPB商品を展開している。
50. ただ，近年，限定ものとしてユニクロのロゴ入りのスポーツウエアが展開されている。試行錯誤の一環なのか，新たなブランド展開なのか，今後，注目されよう。
51. その他，ストアPB商品にはカインズホームの「CAINZ」，生活協同組合CO-OPのPB「CO-OP」など多くのものがある。
52. 梶原勝美，前掲論文，pp.53-56。
53. ヤマダ電機のPB商品「HERB Relax」は，現在，扇風機，トースターなどの限られた商品分野だけにみられるものにすぎない。なお，表記には，(株)ヤマダ電機，Made in Chinaとあり，販売者ブランドとなっている。
54. 家電量販店準大手のノジマのPB商品は「ELSONIC」であり，現時点では，家電量販店の中ではPB化のトップランナーのひとつと考えられる。
55. F. E. Clark, *Principles of Marketing*, pp.140-150, Macmillan, 1925.
56. すでに30年以上の歴史を誇るダイエーのPB「セービング」であるが，イオングループの傘下に入ってため，「トップバリュ」に次第に取って代わられており，現時点では，一部のダイエーの店舗でわずかにみられるにすぎず，いずれ消えてなくなるものと思われる。
57. アサヒビールのMB商品と思っていた「三ツ矢サイダー 'MITSUYA CIDER'」の表示は販売者（アサヒビールの飲料子会社）アサヒ飲料株式会社とあり，また，MB商品と思っていた「コカ・コーラ」の表示が販売者コカ・コーラカスターマーマーケティング(株)とあり，いずれも現在ではPB商品となっている。一

方，キリンビバレッジ株式会社のMB商品「午後の紅茶」の表示には，製造者と販売者の双方があり，複雑である。因みに，製造者表示は，「午後の紅茶レモンティ」「午後の紅茶ミルクティ」であり，販売者表示は，「午後の紅茶ストレートティ」「午後の紅茶おいしい無糖」「午後の紅茶Pungency」である。

58. 同社の成功の原因のひとつに，リードタイムを短縮する伴走方式があげられる。大手メーカーは開発が終わった後生産し，その後，営業を行う「リレー方式」。一方，アイリスオーヤマでは開発，生産，営業が一斉に動き出す「伴走方式」。この方式によれば，大手メーカーが開発から発売まで1年以上かかるところを，3か月でできるということである——NHK，クローズアップ現代，"スピード"に勝機あり新興家電の戦略」，2013年4月8日放送。

59. 小売業者である百貨店もPB商品の一般ブランド化を試行している。「そごう・西武はアジアの百貨店にプライベートブランドの衣料品や雑貨の卸売りを始める。PBの海外供給は市場の拡大が見込みにくい日本だけではなく，経済成長が続くアジアで需要開拓が狙い。品質への信頼が高い『日本ブランド』を前面に打ち出す。」——日本経済新聞2014年7月4日。さらに，そごう・西武はデザイナー，パタンナー，生産管理者などを採用し，SPAモデルを確立する——日本経済新聞2014年7月24日。因みに，そごう・西武のPB商品は「リミティッド エディション」である。

60. 梶原勝美『ブランド・マーケティング研究序説Ⅱ』pp.227-251。

61. 高谷和夫，前掲書，p.202。

62. また，特異なPB商品として，高品質，高価格の成城石井のPB商品「成城石井」がある。

63. http://headlines.yahoo.co.jp/hl?a=20140802-00000-econo...；http://www.amazon.co.jp/b?ie=UTF8&node=3184288051（2014年8月2日，閲覧）。

64. http://www.7andi.com/company/challenge/107/1.html（2014年9月1日，閲覧）。

65. 本章ではPB商品の品質についての詳しい考察は行ってはいないが，一部のPB商品の品質や安全性に対する批判や警告がなされている。たとえば，加藤鉱，前掲書；渡辺雄一，前掲書。

Ⅳ　ネット通販流通革命

1　は じ め に

　これまでブランド商品流通革命，PB商品流通革命とブランド商品の誕生と発展がもたらした流通革命について論じてきたが，実は，もうひとつの流通革命が現在進行している。それは時間軸でいえば，PB商品流通革命とかなりオーバーラップするネット通販流通革命である。
　20世紀末に登場し，僅かな期間で世界中に大きな影響を与え，21世紀に入りさらに大きく発展してきているのがインターネットという通信手段である。現在，このインターネットは企業の99％以上が利用するようになり[1]単なる通信手段だけではなく，EC（電子商取引）[2]を生み，流通にも大きな影響を及ぼし，それがインターネット通信販売として大きく発展し，今日，ネット通販流通革命を引き起こしている。現在の消費者はパソコン，モバイル（携帯電話だけではなくスマートフォン，タブレットを含む）の利用率の上昇と使い勝手のいいソフトの開発を背景に，新たな流通手段，すなわち，インターネット通信販売，略して，ネット通販を利用するようになり，それが新たなライフスタイルの一部となってきている。なお，以後，インターネット通信販売はネット通販と表記する。
　1990年代後半に登場して以来，急激に発展し，売上規模を拡大し，今や8兆円を超え，コンビニエンス・ストアの総売上を凌駕する勢いにあるのがネット

通販である。現在ではまだ小売流通の総売上の3％前後を占めるにすぎないが，今後急速に発展し，10％を占めるようになるものと予測されている。

ネット通販の出現によって，消費者の購買行動は大きく変わり，既存の流通機関，とりわけ店舗販売の小売に致命的な影響を与えている。その結果，小売に依存していた卸にも大きな影響を与えている。それだけではなく，従来の通信販売業者にも大きな影響を与えてきている。換言すれば，インターネットの出現と発展は流通に革命的な変革，すなわち，流通チャネルを短縮し，商流の迅速化と双方向性を実現した。それはまた商流だけでなく，卸，小売が果たしてきた物流機能を一変させ，とりわけ消費者が購買した商品を小売店から自宅まで自ら運ぶということから宅配業者が消費者の自宅まで配送するという新たな物流の流れが生まれ，従来の卸，小売は商流，物流の両面から大きな構造的変化に直面している。それはまさしくネット通販流通革命といえるものである。

しかしながら，どんな商品でもネット通販を利用すれば売れるわけではない。ネット通販による成功はその多くがブランド商品を商財とするものであり，その結果，ネット通販流通革命はブランド流通革命の第3段階に位置付けられる。

そこで，本章では，ブランド流通革命の第3段階のネット通販流通革命を主としてBtoCの観点から考察を試みるものである。

2　通　信　販　売

ネット通販はインターネットを利用した通信販売である。通信販売は訪問販売とともに古くからみられる商品の流通方法である無店舗販売のひとつである。代表的な例として，19世紀末に生まれたアメリカの通信販売が，当時，流通が未整備で，商品の入手が困難であった西部開拓地や南部の農村地域の消費者に最寄品や雑貨品を安く大量に流通させることに成功し，それは流通のイノベーションのひとつとしてよく知られている。ところが，日本ではアメリカの

ような総合的な通信販売は誕生しなかった。日本はアメリカとは違い，国土が狭く，しかも全国中に流通網，すなわち，商業のネットワークが歴史的にかなり古くから張り巡らされており，通信販売の成立する必然性がなかったのである。しかしながら，通信販売がまったくなかったわけではなく，あることはあったのである。それは通常の店舗では売りにくい，あるいは，消費者が買いにくい商品，いかがわしい商品，詐欺まがいのインチキ商品など一部の特殊な商品の流通手段にすぎなかった。したがって，通信販売に関していえば，日本は長い間不毛な市場であったのである。

しかしながら，20世紀の後半から末にかけて，日本にもようやく通信販売が生まれ，次第に発展をしてきた。まずはじめは，アメリカのシアーズ社にみるようなカタログを利用したものや新聞，雑誌という紙媒体，印刷媒体を利用したものであった。その後，新たなメディアを使う通信販売が登場した。それは印刷媒体ではなく，電波媒体という新しいメディアを利用した通信販売である。特にテレビ媒体を利用したテレビショッピング，すなわち，テレビ通販が注目されるようになってきた。テレビという強力な媒体を使うテレビ通販は通信販売の主役の座を勝ち得たが，その後，あっという間にその座をネット通販に明け渡した。

販売対象商品がブランド商品であれば，多くの場合，消費者はそのブランド商品をすでに知っており，何かあれば，ブランド企業が責任をもつものと考え，その結果，わずかな商品説明だけで済む。このブランド商品を販売対象として，テレビ通販を追い越し，急速に発展してきたのがインターネットを媒体としたネット通販である。その一方，まだ生き残って，健闘しているテレビ通販は一時ブランド商品を扱っていたが，今やブランド商品ではなく，モノ商品が中心的な商財となっている観がある。

今日でも地上波，BSのテレビ番組を見れば，いまだにテレビショッピングの番組が多いのに驚かされる。しかも深夜，早朝の民間放送のテレビ番組はすべてのチャンネルがテレビショッピングのオンパレードである。それらのテレビショッピングの番組は，店舗販売ではないために生ずる大きな欠点，すなわ

ち，消費者がモノ商品に対して本能的に持つ不安と不信を解決するための舞台装置となるものである。換言すれば，テレビというメディアでは消費者は触る，嗅ぐ，味わうという人間の本能に訴えることができないため，誰もが知っている有名人を使い，かなりな時間をかけてあらゆる観点から十分すぎるほどの懇切丁寧な商品情報を提示するという涙ぐましい努力をしている。ブランド商品の販売ではネット通販にあらゆる面で勝ち目がないので，テレビ通販はモノ商品に活路を見出しているかのようである。もちろん，いまでは一定のテレビショッピングの熱狂的なファンがいて，番組で流せば，その商品はある一定の数量が必ず売れるということもいわれている。

したがって，テレビ通販はブランド流通革命の路線から離れ，まだブランドとなっていない，いわばモノ商品を対象とした独自の動きの中に活路を見出したといえるであろう。もちろん，中にはテレビショッピングからブランドとなった商品もいくつか生まれている。たとえば，電気掃除機の「ダイソン」，洗浄機の「ケルヒャー」などである。

これまでの若干の考察から，ブランド流通革命を新たな段階に推し進めているのは，従来の通信販売ではなく，やはり新たに登場し，急激に発展しているネット通販ということになるのである。

3　ネット通販とは

ネット通販とはインターネットを利用した通信販売である。

ネット通販が成立するには，インターネットだけでは不十分である。インターネットは単なる情報の通信手段にすぎないものである。そこで，ネット通販が成立するには，ネット通販のインフラが必要となるのである。まず，現在の企業の99％以上がインターネット接続環境の下にあるが，いうまでもなくネット通販業者も当然インターネット環境の下にある。したがって，消費者がパソコン，モバイルなどのインターネットに接続可能な機器を持ち，利用可能な状況にあることが，ネット通販成立の第一の条件である。次に，ネット通販

の物流は，原則として，宅配なので，効率のいい小口配送のシステムが必要となる。さらに，重要なのは，代金の決済の仕組みである。もちろん，利用者である消費者にとって使い勝手のいいソフトが開発されなければならないのも当然の前提条件といえる。これらのネット通販のインフラは，日本では，ネット通販の開始とその急速な発展に伴って，次第に整備され，現在も改善の最中にある。これらすべてのインフラがバランス良くミックスされ，初めて多くの消費者がネット通販を利用するようになるのである。現在のシステムは完全なものであるとはいい難いが，日進月歩の進展がみられ，ネット通販は間違いなく便利になってきているのである。

しかしながら，パソコンやモバイルがある程度以上普及しているが，ネット通販のインフラが十分整っていない発展途上国では，まだネット通販が十分に展開されていないのも事実である。

多くのインターネット先進諸国にみられるようにネット通販のインフラの整備とその改善を背景にして生まれ，発展してきているネット通販とは，一見，消費者にとって，理想の商品流通を実現したかのようである。ネット通販は無店舗をはじめとして多くの販売経費を削減することにより，店舗販売の商品流通に比して強い価格競争力を発揮し，低価格販売を実現しているが，ネット販売の強みはそれだけではない。これまで買物は欲しい商品を手に入れるという夢を実現する楽しい一面があるが，その一方，手間がかかり，面倒くさくかつ煩わしい労働のひとつでもあり，その不効用を消費者という人間は長い間削減したいと考え続けてきたのである。ネット通販はクリックするだけで時と場所を選ばず，商品の購買と決済ができ，しかも自宅にまで宅配してくれる。時間がなく，忙しい現在の消費者にとって，ネット通販はまさに理想の買物手段かもしれない。

その結果，現代の消費者はますますネット通販にのめりこむようになってきている。消費者はインターネットによって，ブランド企業や彼らの販売代理店化をみせている通販業者と直接に接触することができるようになった。ネット空間での商流が盛んになるにつれて，リアル世界における従来の卸，小売とい

う流通機関はその機能を果たすことが次第に減り，価格競争の激化だけではなく，商品流通の短縮化と流通構造の変革が始まっている。これこそまさしくネット通販流通革命の第一歩である。

4　ネット通販の類型

　現在，ネット通販を行っている業者とサイトの数は日々増加しており，正確には数えられないほど多数存在している。おそらく数十万になることであろう。これはリアル世界での小売が大幅に減少していることを考えれば，恐るべき成長である。ネット通販業者は，ブランド企業，生産者，輸入業者，卸，小売，個人および新規参入者からなっており，複雑な流通形態をとっている。たとえば，ブランド企業が直接に消費者と取引する，そのブランド企業から仕入れた卸が消費者と取引する，その卸から仕入れた小売が消費者と取引するというように同一のブランド商品を販売している通販業者が無数にあるケースがある。しかも単独の通販サイトで行うばかりではなく，楽天市場のようなモール型通販サイトを経由して行っている通販業者もあり，かなり複雑怪奇なネット空間上での流通が行われている。

　ここでは，まず，ネット通販を行っているネット通販業者を区分してみよう。

　ネット通販の主体には個人と法人があり，通販サイトが飛躍的に増えるに従い，個人のサイトはネット通販が始まった初期のころは別として，HP（ホームページ）を立ち上げただけのサイトではなかなか消費者がそのサイトを訪れることが少なくなり，採算が取れなくなり，次第に減少し，その結果，通販サイトの多くは，新規投資と経費負担に耐え，本格的なビジネスとしてネット通販に参入した法人，すなわち，企業によるものが中心となってきている。

　次に，ネット通販のサイトであるが，単独サイトとモール型通販サイトに分けられる。ほとんどすべての企業が単独サイトを持つようになると，消費者は無数のサイトの中からどのサイトにアクセスをすればいいのか迷うことになり，ネットサーフィンをせざるをえなくなった。そこで，登場したのがモール

型通販サイトである。日本の現状では，業者数No1のアマゾン，4万店強の楽天，2万店のヤフーショッピングと1万6千店のヤフオクからなるヤフー[3]が3強である[4]。

したがって，今や通販サイトの中心はモール型サイトとなってきている。複数のモール型サイトに出店しているのはもちろんのこと同じモール型サイトに同じブランド商品を販売するサイトが複数乱立しているのが現状である。出店者であるネット通販業者は，繰り返しになるが，ブランド企業，生産者，輸入業者，卸，小売，個人および新規参入者とさまざまである。

すべてではないがブランド企業のHPには，たとえば，ソニー(株)は「ソニーストア」，ティッシュペイパーの「エルモア」のブランド企業であるカミ商事(株)は「メーカー直販サイト　エルモアいちばん便」というネット通販専門サイトを開設している。その一方，たとえば，「カシオ」を展開しているカシオ計算機(株)のHPにはネット通販サイトが見当たらない。

したがって，ネット通販のパターンは様々であり，かなり複雑化してきているが，ブランド企業のマーケティング力，すなわち，展開するブランド商品が強力なブランド力を持つ場合には，ネット通販の市場においてもブランド・コントロールがなされている。換言すれば，強力なブランド商品はリアルでもネットでもブランド企業のコントロールの下にあるといえるであろう。

5　ネット通販のeストア・ブランド

ネット空間にはリアル世界のブランド商品は氾濫しているが，まだ商品としてのeブランド，すなわち，リアル世界ではなく，ネット空間の消費者，ユーザーから評価，支持を得てブランドとなった商品は誕生してはいない[5]。これはリアルを主としたならば，ネットはあくまで従であることを意味している。しかしながら，ネット空間にリアルでのストア・ブランドに相当するeストア・ブランドが生まれつつある。それは「アマゾン」「楽天市場」「ヤフーショッピング」「ゾゾタウン」などである。消費者はeストア・ブランドを買う

ことはできず，厳密にいえばブランドではないが，一種のストア・ブランドとしてみなすようになり始めている。消費者の大手モール型ネット通販サイト利用の集中が始まり，彼らは「アマゾン」「楽天市場」といったモール型ネット通販サイトをある種のストア・ブランドとみなし，そこに安心，安全を求めていることにほかならない。現状ではすでにモール型通販サイトは寡占体制となってきている。

　そうなると本来新規参入が容易で自由なはずのネット空間に見えない参入障壁ができつつあることになる。そのような中にリクルートが2013年3月に新規参入したが，今後，3強の寡占体制を打ち破ることができるかどうかが大変興味深い。もちろん，何でもありのショッピングモール型ではなく，いわば専門店型，たとえば，「ゾゾタウン」のようなショッピングサイトが消費者にブランド認識され，eストア・ブランドになっているように，これからも多くの新規参入が繰り返し登場することと思われる。

　しかしながら，ネット空間のeストア・ブランドは，厳密にいえば，やはりブランドとはいいがたい一面がある。そのいい例が，2013年11月の楽天セールで起こった。「楽天市場」の運営企業である楽天株式会社傘下のプロ野球球団，楽天イーグルスが設立9年目にして初めてパ・リーグで優勝し，日本シリーズでも勝ち，それを記念した「日本一セール」と銘打った中での出来事であった。

　楽天市場の優勝セールの目玉は，星野仙一監督の背番号77にちなんだ「77%OFF」の商品で，その大幅な割引から注目を集めていたなかで問題が起こった。具体的にいえば，普段2625円で販売されている「抹茶しゅーくりーむ10個入り」を「通常価格1万2000円の77%OFFで2600円」として販売したサイトがあり，また，6万円台で売られているアップル社の「iPhone4S」を「通常価格43万3915円のところ，セールで9万9800円」と表示し，あたかも割引販売であるかのように装ったサイトもあった[6]。「日本一セールは仮想商店街『楽天市場』で3〜7日に実施した。不当表示があったとされる店舗のサイトは1カ月のサービス停止処分とした。不当表示が確認された商品を購入した顧客につ

いては商品の返品を前提に，現金もしくは楽天市場などで使える『楽天スーパーポイント』で代金の全額分を補償する」[7]。

　よく考えると不当表示というよりも詐欺に近い表示と販売方法である。

　しかしながら，通常のブランド商品では安全，安心の責任があり，不当表示は重大なブランド・クライシスを導く可能性があり，ブランド企業はブランドを守るために全力を尽くすと思われるが，楽天社の対処はなぜか生ぬるい。「楽天市場」が真のストア・ブランドであれば，損害補償をポイントで埋めればそれですむというわけにはいかない。したがって，現状のネット空間のeストア・ブランドはリアル世界におけるストア・ブランドとは同一のブランド認識ができるものではないのである。

6　ネット通販と消費者

　ネット通販は消費者にどのような影響を与えているのであろうか。ネット通販の最大の利用者である若者を対象として調査[8]を行い，消費者にとってのネット通販のメリットとデメリットの両面について，回答してもらった。その結果は，以下のようにまとめることができる。

消費者にとってネット通販のメリット
① パソコン，モバイルなどから簡単に注文ができる。
② 店舗までわざわざ行く必要がない。高齢者，足の悪い人，体調がすぐれない人に便利である。また，地方に住んでいる人にも便利である。
③ 時間に関係なく24時間いつでも買物ができる。忙しい人には便利である。
④ 商品情報の探索が簡単にできる。商品を探しやすく，見つけやすい。
⑤ 店舗で買うより安く買え，しかも価格比較が簡単にでき，一番安いサイト，ショップで買うことができる。
⑥ 商品の種類と在庫が豊富にあり，商品の比較ができ，そのうえ，以前売られていたが今では店舗ではなかなか入手できない商品や今人気があり店

舗では入手しにくい商品などを買うことができる。
⑦　店舗で商品を見て，それをネット通販で買うことができる。
⑧　宅配してもらえる。重たい商品の買物が便利になった。時間指定もでき，以前は数日時間がかかったが，今では当日配送も可能となった。また，受取場所も自宅，コンビニ，宅配業者の営業所などから選択ができる。送料無料のサービスもある。さらに，第3者に配送してもらうことができる。
⑨　支払，決済の多様化。クレジット・カード，代金引換，ウエッブ・マネー，コンビニ決済，銀行振込み，郵便振替など。
⑩　返品，返金制度。
⑪　営業範囲の広域化と国際化。
⑫　新たな産地直送。
⑬　クーリングオフ制度。
⑭　気軽に新商品の情報がチェックできる。
⑮　タイム・セール，バーゲン，無料お試しキャンペーン，ポイント。
⑯　掲示板，ブログなどユーザーによる販売店や商品に対する評価や口コミ。

消費者にとってネット通販のデメリット
①　手軽に買物ができるため，欲しくない商品も買ってしまう。買物依存症。
②　すぐに商品が入手できない。タイムラグがある。
③　商品を手に取って確認することができない。
④　試着ができない。サイズ違いが起きる。
⑤　ネットの画像と実物とのギャップがある。偽画像や不十分な画像と情報のため，サイズ，色，質などが予想したものと違う。
⑥　不良品，修理品の交換，返品の手続きの煩わしさ。
⑦　送料，振込手数料。
⑧　下着類は返金，返品不可。
⑨　商品にばらつきがある。倉庫での商品管理の問題。

⑩　中古品のトラブル。
⑪　トラブル，犯罪。偽物，新品のはずが中古品，商品が届かない，過剰な料金請求，ネット詐欺，ドロップ・ショッピング，クレジット・カードのスキミング。
⑫　注文時に注意書きをよく読まず，返品，返金ができなかったり，お試しのつもりで注文したが定期購入になっていた。
⑬　口コミ，ヤラセ，サクラ，ステルス・マーケティング。
⑭　支払いに関するトラブル。

　調査結果から，消費者にとってネット通販は，買物における時，所といった制約をなくすとともに買物をめぐる煩わしさ，苦痛といった不効用を削減し，一見理想の購買形態のようにみえるが，もちろん，ネット通販にはメリットばかりではなく，デメリットもあることは明らかである。
　現状ではネット通販は理想の購買形態ではないが，ネット通販業者の努力によって，デメリットをなくし，メリットに変えながら，消費者の支持を得て，発展してきている。換言すれば，多くの消費者はネット通販の価格の安さと便利さの魅力に惹かれますますその利用頻度を増している。したがって，ネット通販は，ネット通販デバイデッドが依然として存在し，未だ完全で理想の購買形態とはいえないが，理想にかなり近づきつつあるということは否定ができないといえよう。
　多くの消費者は購買をリアルの小売店からネット通販に変え，その結果，従来のリアルの小売が大きな危機に直面し，さらにその危機は卸にも拡大し，流通構造を大きく変革しつつある。たとえば，ショールーミング[9]にみられるように，まさに消費者がリアルの店舗購買ではなく，ネット通販をますます利用することにより，その結果として，ネット通販流通革命が推し進められているのである。

7　ネット通販の発展

　ネット通販は今や百貨店の売上を超え，まもなくコンビニエンス・ストアの売上を凌駕するところまできている。それにはネット通販業者のかなりな努力によるイノベーションがその背景にある。
　しかしながら，ネット通販には，すでに論じたように，いくつかの根本的な欠陥が内蔵されている。その主たるものは，商品を手に取って確認することができない，試着ができない，サイズ違いが起きるといった問題である。そのため，これまで実際に触れて素材の質感を確認したり，サイズが合うかどうか試着が必要なファッション商品はネット通販には向かないといわれてきたが，そのファッション商品，アパレル商品という商材をネット通販で展開し，大きく成功している「ZOZOTOWN（ゾゾタウン）」を運営する株式会社スタートトゥディがあげられる[10]。
　「売り手と買い手の価値観が似通っているということだ。会員の平均年齢は29.8歳で，スタートトゥディの社員平均年齢は27.7歳とほぼ同じ（いずれも2011年3月期）。商品の採寸を自分たちで行い，モデルを使って自分たちが求めるポーズのカット写真を撮影し，ブランドのコンセプトがわかるかたちでサイト上に掲載する。さらには，着丈，肩幅，身幅，そで丈といった商品データや，商品についてのレビュー，SNS（ソーシャル・ネットワーキング・サービス）を利用したクチコミ，リアルタイムでの売れ筋ランキングといった，ネットの特性を生かした情報提供を行う。そうすることで，店頭で商品を試着するのと同等か，もしくはそれ以上の見せ方を実現してきたのである」。成功のもうひとつの理由は[11]，「ECサイトづくりから，フルフィルメント（商品の受注から決済・ピッキング・発送までのトータル業務），カスタマーサポートまで，すべて自社で行っている。物流システムも自社で構築したもので，運用も同社の社員が行うという徹底ぶりだ。こうした自前主義は他社との大きな差別化要因になっている」。

同社の事業は，ストア企画開発事業，ストア運営管理事業，メーカー自社EC支援事業の3つからなり[12]。ストア企画開発事業は，メーカーから商品を買い取り，同社が販売するもの。小売業として在庫を持ち販売するかたちで，「ゾゾタウン」の中のオリジナルショップと位置づけられる。ストア運営管理事業は，一定量の在庫を受託形式で預かり，販売に応じて受託販売手数料を得るもの。「ゾゾタウン」の中の「ユナイテッドアローズ」や「ビームス」などがこれにあたる。メーカー自社EC支援事業は，メーカーのECサイトの開発・運用を受託し，販売に応じて手数料を得るものである。
　また，同社は新サービス「WEAR（ウエア）」を始めた。「スマートフォン（スマホ）を使い衣料品店の店頭で商品バーコードを撮影すると，その商品をネットで比較しながら手軽に買えるサービスを始める。店では下見だけをしてネットで購入する『ショールーミング』の浸透に拍車がかかりそうだ」[13]。
　したがって，同社は従来の流通の枠を大きくはみ出したまさに革命的な変革をもたらしているのである。
　また，ジェイド社は靴専門のECサイト「ロコンド」を運営し，購入金額にかかわらず送料無料とし，実際に試着してから購入を決めてもらえるように，商品到着から99日以内であれば返品無料とした。そして，オンラインスタイルコンシェルジュを設け，顧客サービスを充実させ，ネット通販の欠点を克服し，それをバネに大きく成長を目指している[14]。
　このようにネット通販業者のイノベーションがネット通販流通革命の進展の大きな要因となっているのである。

8　ネット通販とブランド企業

　ネット通販は，インターネットの発展とブランド商品の存在と消費者のブランド認識を前提としたものである。
　ネット通販は新しい流通の形態でもある。このネット通販はブランド企業にとってはいかなるものであろうか。新しいチャネルのひとつとみなせばいいの

か。そうなると既存のチャネルとの衝突をどう解決すればいいのであろうか。というのは，ネット通販は商流，物流のコストだけではなく，販売，管理コストもかなり削減することができ，その結果，既存のチャネルであるリアルの店舗よりかなり安く消費者に商品を販売することが可能となるからである。

　一種の定価販売をもくろむブランド企業にとっては，ネット通販での多種多様な価格，しかもその多くはリアルの店舗よりかなり安い価格で自社のブランド商品が販売されることになるのであり，価格戦略に重大な影響を与えることとなるのである。しかもブランド企業自体がネット通販の専門サイトを開設している場合もある。その結果，ブランド商品の流通は多様化するとともに価格も多様化することとなる。換言すれば，一ブランド一価が崩れることになる。

　したがって，ブランド企業のブランド管理はますます複雑になり，一筋縄ではいかなくなる。一体全体，消費者のブランド・イメージはどうなるのであろうか。これまで果たしてきたブランドの価格情報機能，すなわち，ブランドの価格とはブランドが消費者に与える満足を金額表示したものである[15]ということが一変する可能性がある。その結果，ブランドの価格は価値を表示するものから，単なる価格を表示するものにすぎなくなり，消費者は価格選好となり，消費者のブランド・ロイヤリティが下がり，ブランド力がなくなることになるかもしれない。

　そこで，ブランド企業はブランド価値とその販売価格を守るためにはチャネルの再構築をせざるをえなくなるのである。しかしながら，既存のリアルの卸，小売ではある程度の営業，管理コストが当然必要となるが，その一方，ネット通販では無店舗販売のためコストがかなり削減でき，それが安売りの理由であり，独禁法違反の再販制（再販売価格維持制度）を採用しない限り，安売り，値崩れの防止はできない。しかも「価格.com」のような価格比較サイトが価格情報をくまなく提示しているので，同一ブランド商品に対し，それを販売する多数のリアルの店舗と多数の通販サイト間での価格競争が激しくなり，ブランド力があり，価格が安定していたブランド商品であっても値下がりの傾向となる。

ブランド企業は常に試行錯誤を行っているが，現実にはネット通販のブランド価格をコントロールすることはかなり難しい。こうした状況を背景に，再販制の緩和，改正への議論が起こってきている[16]。しかしながら，現在再販制の下にある書籍がネット通販では名目的なものとなり，ポイントを供与することによる実質的な価格の値下げが行われている[17]。

本来，ブランド企業はブランドの価値とブランド力を維持するために，安心，安全を保証しているのである。しかしながら，ネット通販での価格競争の結果，ブランド商品はブランド企業のコントロールのもとから離れ，ネット通販業者による価格訴求の商品に成り下がっている。今やネット通販とブランド企業とはブランド価格をめぐり，せめぎ合いの最中であるが，リアルでのブランド力がネットにも反映し，おそらくリアルでブランド力のあるブランド企業はネット通販でもある程度の価格コントロールが可能となり，その一方，リアルでのブランド力がそれほど強くないブランド企業はネット通販業者の軍門に下ることになるであろう。このようにネット通販をめぐり，ネット通販業者とブランド企業は激しく戦い，その結果，既存の流通構造と流通行動が大きく変わり，それは他ならずネット通販流通革命そのものである。

9　ネット通販 VS 小売

ネット通販の急速な発展に対し，既存の小売はどのような対応をみせているのであろうか。多くの伝統的小売，すなわち，小規模零細な小売はノーハウ，人材，資金が十分でないため何もできず，ただ事態の推移を見守るだけである。その結果，彼らはネット通販流通革命の大きな流れに乗ることができず，急速に売上が減少し，その多くは閉店，廃業，転業をせざるをえない。

ネット通販の急速な発展をもたらしたものは新規参入者である無数のネット通販業者である。それに対抗し，既存の大手小売はネット通販に続々と参入している。たとえば，高島屋オンラインストア，JFRオンラインといったネット百貨店をはじめとして，ネットスーパーやネットコンビニなどである。そのほ

かにも，量販店，専門店ばかりか，驚くことに，カタログ通販やテレビ・ラジオショッピングを展開している通販業者もネット通販に参入してきている。

　こうなると当然競争が激しくなり，その結果，低価格競争が一段と進むことになる。消費者にとっては，同じ商品であれば，少しでも価格の安い通販サイトを選択するのは自然の成り行きである。この影響を最も強く受けているのは，リアルの世界でこれまで主にメカニズム・ブランド商品の低価格販売を行って成長してきたカメラ・家電の量販店である。消費者が「価格.com」の情報を購買の参考にして一番安く販売している店舗ないし通販サイトで買うようになってきたからである。メカニズム・ブランド商品は当然のごとく品質が一定であり，何かあればブランド企業が保証することによって安心，安全である。そうなると，メカニズム・ブランド商品はネット通販業者による価格訴求の商品になり，品揃えが豊富なカメラ・家電の大型量販店はショールーミングの絶好の対象となり，量販店のリアル店舗での売上が減少し始めている。

　消費者へ安心，安全，保証，責任などを訴えるマーケティング努力によって，強力なブランド力，すなわち，消費者のブランド・ロイヤリティを勝ち得たメカニズム・ブランド商品ばかりか一般ブランド商品についても低価格で販売できるネット通販業者の優位は明らかである。

　しかしながら，最近では，必ずしもブランド商品ではないモノ商品にまでネット通販の影響が広がってきている。本来モノ商品は商品ごとに品質や性能が異なり，消費者は自己責任の下にその価値を判断しなければならない。したがって，目利きでない多くの消費者にとって，ネット通販におけるモノ商品の判断は大変困難である。ある場合には，自宅まで配送された商品を見て初めてわかることもある。このように消費者にとってモノ商品はリスクが大きいため，リアルの店舗のほうが有利であるといわれてきたが，次第にネット通販の発展はモノ商品にまで及び，総合スーパー，コンビニエンス・ストアにも大きな影響を与え始めている。その対抗手段として，リアルの店舗を展開している総合スーパーやコンビニエンス・ストアは店舗とネット通販の垣根をなくし売上高を最大にするオムニチャネル[18]戦略に乗り出している。たとえば，総合

スーパーのイオングループ，総合スーパーとコンビニエンス・ストアのセブン&アイホールディングスである[19]。また，百貨店も同様にオムニチャネルを目指している[20]。

　さらに，これまで政府の規制行政で守られてきた薬の流通もネット通販の影響を受け始めている。2013年1月の最高裁判決を受け，多くのネット通販への新規参入があり，大衆薬（一般用医薬品）のネット販売は消費者に浸透しつつあり，同時に価格も下がっている[21]。当日配送のサービスを武器にしているネット通販大手に対抗し，ドラッグストア大手のマツモトキヨシも翌日配送でサービスの強化を始めた[22]。そのうえ，まだ解禁されてはいないが，大衆薬だけではなくいずれ処方薬（医療用医薬品）もネット通販が自由化されることになれば，ネット通販とリアルの小売である薬店，薬局との間の競争がより一層激化することになり，薬の流通は大きな変革を遂げることになるであろう。

　したがって，ネット通販と既存のリアルの小売との争いはますます激しくなってきている。両者の競争は流通，とりわけ伝統的小売だけではなく，大型店，量販店にも大きな影響を与え，ネット通販流通革命が劇的に進行しているのである。

10　ネット・ロジスティックス

　ネット通販を大きく飛躍させた陰の主役が小口配送という宅配である。もし，全国に散在する莫大な数の消費者へひとつひとつの商品を個別配送するシステムがなかったならば，今日のネット通販の盛況はありえなかったであろう。

　ネット通販の発展にともなって商品のロジスティックス，すなわち，物流の機能を果たす宅配業者は成長したが，全国中を網羅し，多くの物流センターが必要なネット通販の物流機能は小規模な運送業者では不可能であり，自ずと大手宅配業者の寡占が形成されている。ヤマト運輸，日本郵便，佐川急便などである。彼らはこれまで商品流通のロジスティックスを担っていた卸からその機

能を奪い，今やインターネットとつないで商流と物流の両者の機能を果たす新たな卸へと変身しているのである。

　ネット通販のロジスティックスが寡占体制にあるとはいえ，独占ではないので，そこには当然競争が存在する。常にネット通販業者はサービスの向上とコストの低下を要求している。サービスとはより早く届けるというもので，最近では，指定日，指定時間配送はもちろんのこと翌日配送から地域限定ではあるが当日配送へとサービスは向上している。というのは，ネット通販を利用する消費者は注文した商品をできるだけ早く入手したいからである。また，宅配は便利であるが，その料金が高いのが消費者にとっては負担となるし，不満である。ネット通販業者は競争上の武器として，より安い配送料の究極の提案として送料無料を打ち出し始めている。そうなると，物流業者へのコスト切り下げへの要求が一段と強くなり，たとえば，佐川急便がアマゾンとの契約を打ち切るという事態まで発生している[23]。こうした中，たとえば，アマゾンなど一部のネット業者は自前のロジスティックス・システムの構築に乗り出している。ネット通販業者と物流業者との対立抗争が始まったのである。

　このようにネット通販はこれまでの商品流通における生産者→卸→小売→消費者からなる物流システムを根本的に変革し，ブランド企業→宅配業者→消費者という新たなロジスティックス・システムを構築し，ネット通販業者，宅配業者それぞれの間で激しい競争を繰り返している。

　したがって，ネット通販は商品の物流を変え，新たなロジスティックスを要求し，その結果として，ネット通販流通革命を進行させているのである。

11　ネット通販の決済

　ネット通販のインフラとして，情報メディア，宅配，そして，決済が必要であるが，なかでも決済手段の多様化がネット通販の発展の重要な背景のひとつとなっている。たとえ消費者がパソコンやモバイルでブランド商品を注文し，通販業者が消費者に宅配したとしても，代金の決済が行われなければ，販売が

完結したとはいえない。これまでの通販における決済は郵便為替，銀行振り込みだけであったが，消費者サイドからいえば，いずれも手軽で容易いとはいいがたい。しかも原則として前払いのため，常に何かしらの不安が付きまとうものであった。

　これを解決したのが，宅配業者の新しいサービスとして登場した代引き制度であり，消費者は商品を宅配業者から受け取ると同時にその宅配業者に代金を支払うという決済方法である。つまり，宅配業者が配送という物流機能だけではなく，代金決済という金融機能も果たすようになったのである。

　次に，商品代金の振り込みのためにわざわざ郵便局や銀行といった金融機関の窓口まで出向かなければならないというわずらわしさから解放したのが，クレジット・カードによる決済である。クレジット・カードの情報が盗まれたり，悪用されるというリスク，弊害があるにもかかわらず，パソコン上やモバイル上で手軽に操作ができるため，現在，多くのネット通販の決済に利用されている。その中で多くのリスクを解決してくれるのが，コンビニ決済である。

　また，ネット銀行の普及にしたがい，ネット上でネット銀行を利用した手軽な振り込みが行われ始めている。ウェブマネーも手軽で便利な決済方法となっている。そのほかにも新たな決済方法が導入されてきている。たとえば，キャリア決済，ATM，ネットバンキング，J-デビット，（Edy, Suica, クイックペイなどの）電子マネー，ビットコイン，アマゾン通貨などがあげられる。

　このようにネット通販の代金決済の多様化が進み，それによって，消費者のネット通販の利用はますます増大している。代金決済の多様化は紛れもなくネット通販流通革命を後押ししているのである。

12　ネット通販の課題と展望

　ネット通販流通革命は今後ますます進展し，流通構造と流通行動を変革し，消費者に大きな影響を与え，消費者の購買行動とライフスタイルを大きく変えるものと思われる。ここでは日本におけるネット通販の課題と展望を考えてみ

たい。

　まず，消費者のインターネットへの不安，不信の解決の問題が依然として存在している。たとえネット通販が便利になり，もはやライフスタイルの中に組み入れられてもネット通販への不安，不信は完全には解決できないであろう。注文したはずのブランド商品ではなく，そのコピー商品が届けられる，代金詐欺，ステルス・マーケティングといわれているヤラセなど，次々と問題が生じている。

　もちろん，それらの不安，不信を解決するひとつの有力な手段は前述した流通企業によるオムニチャネルであるかもしれない。これは消費者の流通企業への信頼が前提であり，注文する商品がブランド商品であれば，利用する消費者は二重の安心を獲得することになる。いずれにせよ，その成否が今後のネット通販を大きく左右するであろう[24]。

　次に，インターネットにアクセスする，しない，できる，できないというインターネット・デバイデッドが生じているが，これはそのままネット通販にも該当する。まず，パソコンやインターネットに接続できるモバイルなどの情報媒体を持っていない消費者はネット通販のユーザー，消費者とはなりえない。おそらくその大部分が高齢者ということになるであろう。

　日本の人口構成の現状をみれば明らかなように，今後ますます少子高齢化が進み，高齢者の割合と絶対数が増加する。本来ネット通販は買物の不効用を削減するもので，まさに高齢者の消費者がその恩恵を多く受けるはずである。しかしながら，現状のネット通販の利用者は若者が相対的にも絶対的にも多数を占めている。したがって，今後，高齢者を取り込み，そのベネフィットを甘受してもらえるように，ネット通販業者は使い勝手の良いソフトの開発，改善を試みなければならない。

　さらには，情報媒体を持たない高齢者に対して，たとえば，70歳以上の人には地方自治体が無料で機器を貸与し，通信料はネット通販業者が負担するといったことなどが考えられる。また，機器を貸与するだけでは不十分であり，その利用の仕方を教えるネット通販についての消費者教育も必要となるであろ

う。しかしながら，それらは社会福祉の一環で行うのか，ビジネスの一環で行うのか，議論が分かれるであろう。

　高齢者をその利用者とすれば，ネット通販は買物難民の解決になるものである。

　ネット空間にはユーザー，消費者を対象とした新たな犯罪といった問題が次から次へと生まれてくるものと思われるが，それらをひとつずつ解決し，ネット通販はそのデメリットをメリットに変えながらネット通販流通革命を進展させ，次第になくてはならない流通手段となることは疑いのないことである。

13　お わ り に

　これまで論じたように現代の流通はまさに革命の真っ直中にある。

　多くの研究者たちが見逃していたにもかかわらず，現実の流通は革命的に変化を見せてきたのである。換言すれば，流通の客体がモノ商品からブランド商品へと大きく変化をしたのである。モノ商品を前提にして長い間に形作られた伝統的な卸と小売からなる流通はブランド商品の出現と発展により，崩れ始め，いまや新たな流通システムの構築を模索し始めているのである。

　そもそも消費者は流通に何を期待しているのであろうか。わかりやすく簡潔にいえば，欲しい商品をなるべく安く，しかも手軽に入手したい，というのが消費者の理想であるといえるであろう。

　その一部を最初に実現したのは，商品に情報を付加して生まれたブランド商品であり，それを展開した企業によるマーケティング（＝ブランド・マーケティング）である。その結果，セルフセレクション，セルフサービスが生まれ，消費者は欲しい商品を自らの手で，手軽にしかも自由に選択できるようになった。このブランド商品の出現と発展により，ブランド商品流通革命が起こり，これまでの伝統的な流通構造は大きく変化をしたのである。

　さらに，大手流通業者，小売企業によるPB商品流通革命がそれに続いて起こったのである。

これら2段階からなるブランド流通革命はいずれもブランド商品に起因し，現在まで進展してきているのである。これら2つの流通革命と同様に，ブランド商品を前提としてITの進歩によるインターネットの出現と発展によって新たな流通革命がもたらされたのである。それがネット通販流通革命である。本来，インターネットは情報の媒体であり，流通とは何の関係もないものであった。そのインターネットという情報媒体にブランド商品という情報付きの商品の情報が流れることにより，インターネットは大きく流通と関係をもつようになったのである。

　当初，インターネットはブランド商品の広告媒体としての役割にすぎなかった。新しい広告媒体の出現と思われていたのである。ところが，次第にインターネットは流通に大きな影響を及ぼすようになってきたのである。それがネット通販である。このネット通販は，消費者の不効用を削減するものである。買物が時（とき），所（ところ）に関係なく，自由にできるようになったのである。しかも商品は都合のいい時間に自宅もしくは指定した場所に配送してくれる。重たい商品でも嵩張る商品でも配送してくれる。まさに消費者の理想の購買形態が実現したかのようである。

　もちろん，このことはインターネットが実現したのではなく，インターネットを利用するネット通販業者の努力とその前提になるインフラの整備，発展によるものである。それが消費者，とりわけ若者に大きく支持され，発展し，ネット通販流通革命として，現在の流通に計り知れない影響を与えているのである。

　いずれにせよ，ブランド商品に起因したブランド流通革命の第3段階としてのネット通販流通革命は多くの課題を克服しながら今まさに急激な発展を示し，日本の流通を根本から大きく変革しているのである。

---

1. 総務省『平成24年度通信利用動向調査』
2. EC（電子商取引）とは，狭義と広義があるが，本章では，経済産業省が用いてい

る次のような定義にもとづいて論を進める。「コンピュータ・ネットワーク・システムを介して商取引が行われ，かつその成約金額が補足されるもの」―丸山正弘『電子商取引の進展』pp.5-7，八千代出版，2011年。
3. 2013年10月7日，ヤフーが出店料と売上高に応じて徴収するロイヤリティを無にしたとたん1日で2万6千店が集まった―日本経済新聞，2013年10月17日。
4. 週刊東洋経済臨時増刊「ネット通販大解明」p.10，東洋経済新報社，2013年。
5. しかしながら，ようやくネット通販限定のeブランドが生まれつつある。たとえば，サントリーウエルネス株式会社がネット通販限定で展開している「DHA&EPA＋セサミンEX」などがある。
6. http://headlines.yahoo.co.jp/hl?a=20131108-00000003-jct-bus_all&p=1（2013年11月9日，閲覧）。
7. 日本経済新聞，2013年11月12日。
8. 調査日時　2013年6月12日；調査対象　大学生；サンプル数　200。
9. 「小売店の店頭で家電や衣料品・雑貨などの実物を試したうえで，インターネットの通販サイトなどでより安い価格の商品を探しだして購入する消費者の行動。スマートフォン（スマホ）がいち早く普及した米国では大手小売店からネット通販に消費者が流れる要因の一つとされており，日本でも広がっている。」―日本経済新聞，2011年10月11日。
10. 「チェーン・ストア・エイジ」983号，pp.49-50，ダイヤモンド社，2011年6月15日。
11. 同上，p.50。
12. 同上。
13. 日本経済新聞，2013年10月11日。
14. 「チェーン・ストア・エイジ」983号，p.52。
15. 梶原勝美『ブランド・マーケティング研究序説Ⅱ』pp.315-317，創成社，2011年。
16. 日本経済新聞，2013年7月11日。
17. MONOQLO特別編集「ネット通販完全ガイド」pp.16-17，晋遊舎，2012年。
18. リアルの店舗とネットを連動させ，消費者とのあらゆる接点を連携させて販売につなげようとする戦略。
19. 日本経済新聞，11月4日；11月20日。
20. http://headlines.yahoo.co.jp/hl?a=20131015-00000009-fsi-bus_all（2013年10月16日，閲覧）。
21. 日本経済新聞，2013年10月22日。
22. 日本経済新聞，2013年11月21日。
23. http://headlines.yahoo.co.jp/hl?a=20130930-00000010-jct-bus_all（2013年10月2

日，閲覧）。
24. 2015年11月1日，セブン＆アイグループの「オムニ7」'omni7' がオープンしたが今のところ順調とはいえないようである。http://headlines.yahoo.co.jp/hl?a=20151124-00010000-socra-bus_all（2015年11月28日，閲覧）。

V　ブランド流通革命の機関別・業態別・商品別研究

1　は　じ　め　に

　これまで日本の流通についてはアメリカのそれよりもかなり近代化が遅れているために，能率が悪く，非合理であり，前近代的な暗黒大陸であるといった認識があり，日本の流通は近代化をする必要があるとの不毛の議論が長い間続いてきたのである[1]。しかしながら，多くの研究者たちが気付かない中[2]，実は，現実の流通は大きな革命[3]を静かに進行させていたのである。それがブランド流通革命である。この革命の本質は流通の客体が古代社会から長く続いてきたモノ商品から新たな情報付きの商品，すなわち，ブランド商品に代わったことである。換言すれば，ブランド企業のマーケティングに起因するブランド流通革命によって，現在の日本の流通はその構造と行動が大きく変革しているのである。

　ブランド流通革命はブランド社会となった現在でも多段階的かつ同時並行的に進行しているのである。

　まず，ブランド商品流通革命はブランド商品を創造し，展開に成功したブランド企業（その主たるものはメーカーである）が流通のリーダーシップをそれまでの卸から奪い取ったことから始まったのである。これが革命の第1段階であり，現在も継続中である。

　次に，日本には前述したようにすでに江戸時代にさかのぼる卸PB商品があ

るにはあったが，アメリカの流通企業より1世紀も遅れて，20世紀の末になって日本でもようやく一部の大規模小売が自己の生き残りをかけて，小売PB商品の創造，展開を始めたのである。これがブランド流通革命の第2段階となるPB商品流通革命[4]である。

さらに，ブランド商品がもたらした流通革命は，インターネットの出現と発展を背景として，21世紀に入り，ネット通販流通革命という形で急速な進展をみせてきている。それにもかかわらず，依然として多くの研究者たちはそれはインターネットがもたらした新しい流通手段のひとつであると理解しているにすぎず，ブランド流通革命の第3段階であるという認識はほとんどない。もちろん，流通革命論として発表された研究はないわけではないが明確にネット通販流通革命としてのものはほとんど見当たらない。しかしながら，この新たな動きはほかならぬインターネットという新たな媒体を利用して無店舗でブランド商品を販売するというブランド流通革命の第3段階に当たるネット通販流通革命[5]である。

したがって，ブランド流通革命は3つの段階，すなわち，ブランド商品，PB商品，そしてネット通販，それぞれの出現と発展によって展開されてきているのである。

そこで，本章では，現在進行中のブランド流通革命に直面し，大変革の中にある日本の流通について，機関別，業態別，商品別にブランド流通革命のインパクトを研究し，ブランド流通革命の本質および全体像を明らかにすることを試みるものである。

2　卸

日本の卸は一般的には問屋と呼ばれ，長い歴史をもち，モノ商品の流通を支配し続けてきたが，ブランド流通革命に直面し，大きく変化し，現在では二極分化が見受けられる。

1960年代からの高度経済成長期の大量生産によるメーカー・ブランド商

品，すなわち，MB商品に起因する総合スーパーの出現，発展という大きな波を乗り切った一部の卸は次第に商社化し，その後の第2段階，第3段階のブランド流通革命の波も乗り切り，ますます巨大化している。

一方，多くの中小の卸は次のような状況にある。大量生産の進展と商品のブランド化に成功したメーカーのチャネル戦略による流通支配の強化，大規模化した小売によるPB商品の進展，そして，ネット通販の急激な発展という3段階にわたるブランド流通革命の大きな波に直面し，その多くは次第に限界卸となり，あるものは倒産，消滅し，あるいは，メーカーと小売の狭間でわずかに残った物流など一部の卸機能を果たすだけの存在となっている。

ほとんど認識されてはいないが，卸，問屋の別称である商社はブランド流通革命をもたらした先駆けである。消費者の認知，評価がほとんどないアメリカ，ヨーロッパのブランド商品の仲介役としての商社が日本市場で大活躍をした時代があった。幸いにも商社は総代理店としてアメリカ，ヨーロッパの多くのブランド商品の日本市場での展開に成功した。商社のマーケティング努力の結果，日本市場において当該ブランド商品に対する消費者の支持と評価を獲得したにもかかわらず，いやむしろ当初想定した以上の大成功を収めたことにより，アメリカ，ヨーロッパのブランド企業は日本の総代理店である商社との契約期限が来た際に，契約更新を行なわず，その代わりブランド企業が直接日本に進出し，○○ジャパンという100％の子会社を設立し，今度はその子会社が総代理店である商社に代わり，日本でのマーケッターとなり，新たなブランド展開を行うという皮肉な結末を迎えることが多くみうけられる。

このようなプロセスもブランド流通革命のひとつのステッピング・ストーンであったかもしれない。しかも多くの場合，日本の消費者は外国ブランド企業の直接進出を歓迎することが多い。消費者にとってみれば，商社の仲介というクッションはないほうが望ましいかのごとくである。たとえば，最近話題となった「ゴディバ」と片岡物産株式会社[6]，「バーバリー」と株式会社三陽商会[7]をはじめとして，これまでにも「ベンツ」と株式会社ヤナセ，「セリーヌ」と平林設計事務所など，枚挙に遑がない。

このようにブランド流通革命が進展するにしたがい，多くの伝統的卸や単なるブランド商品の展開だけを機能とする商社はその役割を終えつつある。

その一方，自己のブランドである卸PB商品を持ち，その展開に成功した卸はブランド企業となり，そのブランド商品の流通に君臨している。たとえば，「お～いお茶」の株式会社伊藤園，統一ブランド「IRIS OHYAMA」のアイリスオーヤマ株式会社などである[8]。

このようにブランド流通革命によって，その役割を終えつつある卸と自己の卸PBの創造，展開に成功した卸との二極分化が進行しているのである。

また，ブランド流通革命はブランド企業が重要な流通機能を自ら果たすものであり，その結果，流通における卸の機能は大きく変化し，かつて卸が持っていた流通支配力を消滅させるという大きなインパクトを与えている。その反面，生産機能を持たないブランド企業という新たな卸が続々と生まれてきている。したがって，ブランド流通革命を経た現在，メーカーと卸との垣根はボーダレス化をしてきている。

3　物　　流

ブランド流通革命が起こり，多くの流通機能はブランド企業が果たすようになったが，それでも商品の輸送，保管といった物流機能だけは流通に委ねられた。そもそも物流機能は卸，小売といった流通機関，流通業者がその機能を果たすものであった。かつて商流だけではなく，物流機能も果たしていた総合卸は次第に商流に重点を移していき商社化した。その一方，卸機能の分化が起こり，専門の物流業者が出現し，運送業者，倉庫業者が物流機能を担うこととなった。このような動きは一部の商品では古くは江戸時代からみられるが，大部分の商品ではブランド商品流通革命の当初より始まり，すでに半世紀以上の年月が経過している。

物流は卸がモノ商品を単に輸送・保管することから始まったが，日本では早くから卸が分化し，専業の運送業者，倉庫業者が出現し，次第に発展し，現在

では，輸送機能についていえば，単なるA地点からB地点へと商品を運送するだけではなく，いくつかの寡占的運送企業と多数の中小の運送業者が共同して全国のネットワークを構築し，B to B，B to Cの全国的輸送を担っている。他方，保管機能についていえば，港湾や歴史のある鉄道の駅に隣接した場所に商品を保管していた倉庫から，まず，立地が変わり，高速道路のインターチェンジ近くに移り，次に，輸送機能と連携した配送センターへと機能も大きく変わり，その結果，運送業者をはじめとする多くの新規参入がみられるようになってきている。換言すれば，ブランド流通革命の進展によって，単なる商品の物流からロジスティクス（兵站術），そしてロジスティクスからSCM（サプライ・チェーン・マネジメント）へと大きな変革に直面している[9]。

ここで物流とロジスティクスとSCMとについて簡単に触れることとする。

　　　物流とは，商品が生産され，卸や小売を経由して運ばれる一連のモノの流れを統合・体系化したもの。
　　　ロジスティクスとは，モノの流れを戦略的に管理し，ビジネスプロセス全体の最適化に反映させること。
　　　SCMとは，モノの流れを見据えたうえで在庫の最適化について，関係する一連の企業・業者がグループとして情報共有を推進することで達成する経営手法をいう。

このように，卸，小売という流通業者から専門の運送業者・倉庫業者，物流業者，ロジスティクス企業へと物流機能の主体が変化してきているが，機能も拡大し，物流だけではなく，通信販売，ネット販売には欠かせない代引きといった金融機能，また，販売管理を在庫管理とともに兼ねるようになってきた。さらには製造・物流を一括請負する企業も現れてきている[10]。また，大型商業施設の物流を一括で受託する企業も現れた[11]。その一方，最近新たな逆の動きがみられるようになった。

それはネット通販の発展によって，物流における時間の価値が高まり，物流

コストの低減への課題と相まって，ネット通販に成功した大手ネット通販業者が自らの配送センターを開設し，物流機能を果たそうとする動きが急速に高まってきている[12]。そのほかにも，小売企業の外国進出に伴って，自前の物流機能を持つ動きもみられ始めている[13]。

したがって，これまで商流の陰の存在であった物流はブランド流通革命の進行によって，陽の当たる重要な役割を果たす存在へと大きく変化してきている。

4 伝統的小売

古くは江戸時代にさかのぼることができる老舗として現代まで続いてきた伝統的小売は，地域市場で商店街を形成し，主にモノ商品の販売を行う小規模な小売業者たちである。前述したようにブランド商品の出現は彼らが果たしていた量り売り，対面販売という機能を奪っていった。

1960年代からセルフサービスを導入した総合スーパーの出現と発展により，伝統的小売の多くは限界小売業者となったが，過去の蓄積もありなんとか生き残っていた。

その後，ブランド商品流通革命の進展に直面し，彼らは限界小売業者から，次第に消滅小売業者となり始めた。それを加速したのが，1970年代から出現した主として日常品，最寄品のブランド商品をセルフサービスで販売するコンビニエンス・ストア（以後，略して，コンビニと表記することもある）の発展である。その結果，地域の商店街から多くの伝統的小売が消滅していった。たとえば，駄菓子屋，パン屋，食料品店，米屋，文房具屋，本屋などである。また，メカニズム・ブランド商品を商うカメラ・家電量販店の出現と発展によって街のカメラ屋や電気屋などが淘汰され，さらに，流通，商業に対する規制緩和によって，ドラッグストアや酒のディスカウンターと呼ばれる量販店が出現し，その急速な発展とともに薬局，薬店，酒屋が商店街から消えていった。

伝統的小売の衰退という現象は都市部よりも地方で顕著にみられ，多くの歴史のある駅前商店街のシャッター通り化を見れば，それが明らかである。その

背景にあるのがモノ商品からブランド商品への変化に起因するブランド商品流通革命をはじめとして，PB商品流通革命，ネット通販流通革命と3つの段階で進展しているブランド流通革命であるのは言を俟たない。

このように伝統的小売が衰退し，消滅しつつあるが，その要因としてこれまで次のことがいわれてきた。

① （商店主の）意識の問題。
② （商店主の）勉強不足。
④ セルフサービス化，低価格大量販売への遅れ。
⑤ ブランド認識の稀薄。
⑤ 人材の問題。
⑥ PB商品の企画力，販売力がない。
⑦ IT技術の不足とネット通販への進出困難。
⑧ 小売業の量的・質的発展の限界。

遅かれ早かれ伝統的小売は消滅する途をたどることになるであろう。しかしながら，そうならずに生き残る途がないわけではない。

そのひとつには，自らを限界小売業者として自覚し，経営ではなく，長年築いてきた顧客との人間関係のもとで，家業的に営業し，経費を限りなく切詰め，営利を求めるのではなく，いわば商売を生きがいのためや趣味として行うことである。

第二には，ブランド企業の代理店やフランチャイズ組織のフランチャイザーになることである。自らは何も考えず，ブランド企業やフランチャイズ本部のマニュアル通りのオペレーションを行い，それに対する手数料やコミッションを受け取ることに徹することである。たとえば，コンビニ・チェーンに加盟することがあげられるが，これもオーバー・コンビニが叫ばれている現在では，残念ながら思うような経営が今後長期にわたり可能であるという保証はない。

第三には，自らが小売PB商品を創造し，第2の「ユニクロ」を目指し，ブラ

ンド企業化を試みることであるが，これにはノーハウと企業家精神が必要であり，しかもリスクはかなり高い。

　したがって，伝統的小売が成長ではなく，ただ単に生き残るためにもかなりな課題があり，その実現は困難かと思われる。

　その上，ブランド流通革命が進展し，ブランド指名買いをする消費者がネット通販でますます買物をするようになってきている。最近では，ネット通販専業業者だけではなく，新たにネットスーパー，ネットコンビニ，ネット百貨店も現れ，消費者のもとまで商品の配達をするようになり，これまで長年小売が果たしてきた機能に対する挑戦が続いている。その結果，ブランド流通革命が小さな波から次第にかつ急激に大きな津波のようになりつつある現在，変革の意識が弱く，守旧派の伝統的小売の多くはそれに対処できるとは必ずしもいい切れないのが実情であるといえよう。

　いずれにせよ伝統的小売はブランド流通革命の進展によって，流通の陰の存在となり，遅かれ早かれ，その多くは消滅する途をたどることになるといわざるをえないであろう。

5　百　貨　店

　明治の末期に日本に誕生し，発展してきた百貨店はその後長い間小売の王様であった。多くの小売の中で唯一の大規模小売業者であった。扱う商品の特徴をなすものは高級なモノ商品であり，多くの消費者は高級なイメージとストア・ブランド・ロイヤリティを長い間持ち続けていた。それを代表するものが，買物袋，包装紙，中元・歳暮などの贈答品での利用などに見受けられる。

　しかしながら，商品がモノ商品からブランド商品へと代わるにしたがい，次第にモノ商品を扱う百貨店は小売の王座から退き，主としてブランド商品を扱う新興の総合スーパー，量販店，コンビニ，専門店にその地位を譲り，長期低落の流れは，このところ急速に発展しているネット通販の勃興によって，さらに加速されてきている。換言すれば，新たに参入した小売はモノ商品ではなく

情報付きのMB商品を扱い，その結果，消費者のセルフセレクション，セルフサービスが可能となった。総合スーパー，量販店，コンビニ，専門店，ネット通販の発展に反比例するかのように，相変わらず旧来のモノ商品を扱っていた百貨店の後退が始まったのである。したがって，百貨店の凋落の本当の原因とはブランド流通革命の進展の結果であるといえる。

　ところが，これまで百貨店の凋落の原因は，通常，ブランド流通革命の結果ではなく，次のようにいわれている。それはバブル期における多店舗化による拡大戦略と不動産屋化して，本来の小売，すなわち，顧客である消費者の買物代行機能を放棄したことである。バブル崩壊によって，多くの百貨店の不動産屋的経営が悪化し，それと同時に，多くの消費者の消費行動が変わり，百貨店離れが起こり，百年以上の歴史を誇る老舗百貨店や有力なターミナル百貨店も業界再編に巻き込まれ，たとえば，三越と伊勢丹が合併し，三越伊勢丹ホールディングスとなり，西武，そごうが総合スーパーのイトーヨーカドーとコンビニのセブン-イレブンを擁するセブン＆アイグループの傘下に入った。換言すれば，百貨店はブランド流通革命に適応する経営の力を失った。また，長い間培った百貨店というストア・ブランド，すなわち，消費者の高い評価と強い支持が失われたのである。このブランド流通革命に対抗して，百貨店は包装紙や買物袋がかつて強いロイヤリティを象徴していたように老舗百貨店というストア・ブランド力を活用して，独自のPB商品の創造をして，その展開，管理を行うブランド企業，すなわち，マーケティング企業を目指し，PB商品流通革命のリーダーとなるべきであった。

　しかしながら，今日でも百貨店は旧来のごとく基本的にはモノ商品を仕入れ，販売しているだけである。もちろん，かなり前からオリジナル・ブランドと称するPB商品を企画，創造，展開しているのは事実であるが，それは，たとえば，紳士服といった一部の商品に限定され，チャンスはいくらでもあったにもかかわらず，PB商品流通革命にも明らかに出遅れている。

　さらに，百貨店はこれまで商業地域の一等地に立地し，それほど努力せずに多くの消費者を吸引してきたが，それを覆すインターネットによるネット通販

が急速に発展し，強力な競争相手となってきた。このようなブランド流通革命の進展に対し，一部の百貨店ではPB商品の開発やネット通販への進出に力を入れ始めているが，いずれも二番煎じであり，その結果，相変わらず多くの百貨店はなすすべもなく従来のモノ商品の時代と同じ経営を繰り返し，ジリ貧に陥っているのである。

　最近，アベノミクスの効果や外国人特に中国人の訪日客の増加によって，業績が回復したようにいわれるが，目立った売れ行きをみせたのが，貴金属，宝石，時計など一部の高額のモノ商品であり，それも一時的なものにすぎないという可能性が少なくはない[14]。このままでは百貨店はブランド流通革命に呑み込まれた伝統的小売と同じ運命に立っているといわざるをえない。

6　総合スーパー（GMS）

　ブランド商品の出現と発展を背景としたセルフサービスをその特徴として，1930年代のアメリカに誕生した新たな小売業態であるスーパーマーケットは，1950年代末頃から形を変えながら，通称スーパーとして日本に導入された。これが今日の総合スーパー（GMS）の日本における萌芽である。

　この総合スーパーの発展をみて，林周二は流通革命論[15]をまとめたのである。ここではその詳しい内容は省略するが，私の見解は彼とは若干異なり，総合スーパー，いわゆるスーパーの発展はブランド商品，とりわけMB商品の発展によるものと考えている。総合スーパーの特徴をなすセルフサービスは，それまでの対面販売に代わるもので，その前提をなすものは消費者によるセルフセレクションである。この消費者のセルフセレクションを可能にしたのが，情報付きの商品，すなわち，ブランド商品の出現であり，その多くがMB商品ということになる。換言すれば，総合スーパーの発展は生産者，製造業者，メーカーがマーケティング，すなわち，ブランドの創造，展開，管理を開始し，一方，多くの消費者がMB商品にブランド反応を示し始めたことが，その主たる原因である。したがって，日本における総合スーパーの誕生と発展はブランド流通革

命の第1段階のブランド商品流通革命の本格的な始まりとなるものである。

当初，総合スーパーは大量仕入による低価格を訴求したが，それはパッケージに表記されたMB商品の定価（メーカーによる定価の表示は現在では独禁法の改正により禁止されているが，当時は合法であった）より安く販売するというものであった。メーカーの定価販売という価格政策に反旗をひるがえし，低価格販売という価格破壊を始めたのである。その当時，メーカーはマーケティングの成功により，価格支配力が強くなった結果，多くの小売がMB商品の定価販売にしたがった中，総合スーパーは低価格で大量に仕入れたMB商品を定価以下の価格で大量に販売することにより消費者の評価と支持を獲得して成長したのである。

したがって，当初，MB商品のブランド企業であるメーカーは定価販売を守らない総合スーパーを敵対視していたが，次第に総合スーパーが成長，発展し，その販売力が巨大化するにしたがい，新たな販売経路（チャネル）政策を採用した。そこでの総合スーパーはメーカーの販売経路における中核的な位置づけとなり，伝統的な流通パターンが大きく変わる第一歩となったのである。これこそまさに日本におけるブランド流通革命の始まりである。

しかしながら，ブランド流通革命のパイオニアとして流通業界に君臨してき

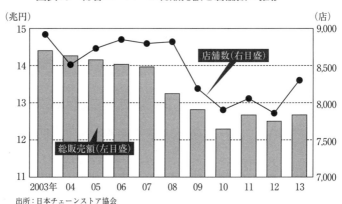

図表13　総合スーパーの総販売額と店舗数の推移

出所：日本チェーンストア協会

た総合スーパーがこのところ低迷している（図表13「総合スーパーの総販売額と店舗数の推移」，参照）。「2013年のスーパー業界の既存店の売上高は17年連続でマイナスとなった。」[16]。低価格大量仕入と低価格大量販売に代表される低価格戦略だけでは消費者に訴求し，成長することが難しくなってきている。それはまた，社会と消費者が多様化し，コンビニ，量販店，ドラッグストア，ネット通販といった新たな小売業態に押されてきた結果である。

　もちろん，PB商品の創造，展開に総合スーパーのそれぞれが力を入れ始め，さらに，オムニチャネルを目指してネットスーパーを始めているが，今のところ業績の急回復には結びついていないようである。総合スーパー売上日本一のイオングループの業績が低迷している。また，業績が比較的好調なセブン＆アイグループでも利益の大半はコンビニのセブン-イレブンが稼ぎ出しており，総合スーパーのイトーヨーカドーは伸び悩んでいる。

　この長期低迷を打開する切り札として総合スーパーはグループ力をまとめ，PB商品の創造，展開に躍起になっている。しかしながら，欧米の総合スーパーのPB商品と日本の総合スーパーのPB商品を比較すれば，日本の総合スーパーのPB商品はまだ歴史が浅く，消費者の一部からは確かに評価されているが，今のところ全面的な支持を受けているとはいいがたい。店舗には多くのPB商品が並んでいるが，まだ，全体の業績を立ち直らせずにいるのが実状である。消費者のロイヤリティを獲得するブランド力の確立にはまだ道のりが遠そうである。

　このままでは総合スーパーはブランド流通革命の第1段階のブランド商品流通革命の主役と第2段階のPB商品流通革命の先駆者だけで終わることになりそうである。

7　ショッピングセンター

　1960年代のアメリカ社会に大きな変化，とりわけ人口の郊外への大移動が起こり，今まで商業施設がなかった郊外に生まれ，発展したのがショッピングセ

ンター ('Shopping Center', 以下, SCと記す) である。このSCはやがて日本に導入された。その結果, 今や日本全国にSCが展開されてきているが, その多くはアメリカのそれとは開発業者や規模の違いなどいくつか異なるところがみうけられる。ここでは, 日本のショッピングセンター協会の定義にもとづくSCについて考えることにする[17]。

　ショッピングセンターとは, 一つの単位として計画, 開発, 所有, 管理運営される商業・サービス施設の集合体で, 駐車場を備えるものをいう。その立地, 規模, 構成に応じて, 選択の多様性, 利便性, 快適性, 娯楽性等を提供するなど, 生活者ニーズに応えるコミュニティ施設として都市機能の一翼を担うものである。SCは, ディベロッパーにより計画, 開発されるものであり, 次の条件を備えることを必要とする。
1. 小売業の店舗面積は, 1,500m^2以上であること。
2. キーテナントを除くテナントが10店舗以上含まれていること。キーテナントがある場合, その面積がショッピングセンター面積の80％程度を超えないこと。但し, その他テナントのうち小売業の店舗面積が1,500m^2以上である場合には, この限りではない。
3. テナント会（商店会）等があり, 広告宣伝, 共同催事等の共同活動を行っていること。

　なお, 2012年末現在の総SC数は3,096である[18]。SCの立地は, ①中心地域：当該市・町・村の商業機能が集積した中心市街地, ②周辺地域：中心地域に隣接した商業・行政・ビジネス等の都市機能が適度に存在する地域, ③郊外地域：都市郊外で住宅地・農地等が展開されている地域, 以上の3つに分けられる。通常, 核テナントには, 百貨店, 総合スーパー, 食品スーパー, ホームセンター, ディスカウント・ストア, 専門店がなるが, 中には核テナントが2つの場合もある。たとえば, 百貨店＋総合スーパー, 総合スーパー＋ホームセンターといった組み合わせである。また, SCのディベロッパーの業態は, SC専

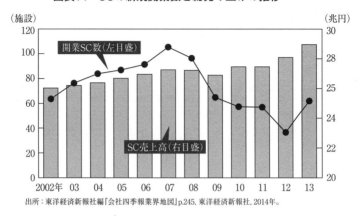

図表14　SCの新規開業数と総売り上げの推移

出所：東洋経済新報社編『会社四季報業界地図』p.245, 東洋経済新報社, 2014年。

業，共同店舗管理業，小売業，運輸業，不動産業，自治体，公共団体，等々，多種多様である。

このSCで扱われている商品はテナントによって異なるが，MB商品，PB商品，そして，食料品，雑貨にみられる無印のモノ商品と様々である。同様に販売形態もテナントにより異なり，販売員による対面販売とセルフセレクション・セルフサービスの2つに大別される。

20世紀末，急速に成長，発展したSCであるが，このところSCの業績は曲がり角に差し掛かっている（図表14「SCの新規開業数と総売上の推移」，参照）。また，最近では，後に論じるように，アウトレットがショッピングモール化し，SCと競合するようになってきている。

確かにSCの進展によって，日本の消費者はどこにいても全国ほぼ均一なブランド商品の購入と消費が可能となったとはいえ，もともとSCは単なる商業施設であり，その本質はそこに入るテナント次第ということになり，ブランド流通革命のひとつの舞台を提供するという役割を果たしているものといえるであろう。

8　コンビニエンス・ストア

　コンビニエンス・ストアは1960年代のアメリカに誕生し，ほどなく1970年代の初頭に日本に導入された新たな小売業態である。セルフセレクションとセルフサービスを基本としたコンビニエンス・ストアはブランド商品の発展と消費者のブランド認知，ブランド評価を背景に生まれたもので，最寄品，日常品のブランド商品がもたらしたのである。コンビニエンス・ストアは最寄品，日常品のブランド商品，すなわち，MB商品を選別して販売することにより，小規模の店舗で効率のいい小売経営と消費者満足を実現したのである。

　コンビニエンス・ストアの進展は街の商店街を構成していた多くの伝統的小売を閉店，倒産に追いやることとなった。具体的にいえば，前述したように伝統的小売の米屋，食料品店，駄菓子屋，パン屋，文房具屋，本屋，酒屋などであり，その中で生き残った者は，強調していえば，皮肉にも看板替えをしてコンビニエンス・ストアに加盟した小売業者だけである。

　日本におけるコンビニエンス・ストアは当初アメリカのノーハウによって展開されたが，次第に日本独自の発展を示し，英語の音訳のコンビニエンス・ストアから省略形の和製英語のコンビニといわれるように日本化し，現在では日本が誇る世界最強の小売業態といわれるようになった。その契機をなしたのがアメリカにはない商材としての弁当の開発と展開である。その成功により，それまでの最寄品，日常品の全般を洩れなく扱うワン・ストップ・ショッピングのコンビニエンス・ストアから弁当を主力として最寄品，日常品全般を扱う日本独自のコンビニへと変身したのである。

　弁当はコンビニ・チェーンを代表する商材となり，今日では，たとえば，「セブン-イレブンのお弁当」から「セブンプレミアム」といったようにPB化されてきている。そして，コンビニは弁当を扱うことによって，単品管理，時間管理，衛生管理をより完全にするために情報化が一層進展し，配送の課題を克服するための多品種少量多頻度配送からなる物流システムが出来上がり，そ

れはPOSの導入・展開によりさらに発展し，まさに日本のコンビニは情報産業化したのである。その後，公共料金の支払いをはじめとした各種決済，そして，ATMを設置し，金融機能の一部を果たし，ますます便利さを増していった。

　これまで日本のコンビニに不足していたものは，PB商品であったが，セブン-イレブンが「セブンプレミアム」，ローソンが「ローソンセレクト」，ファミリーマートが「ファミリーマートコレクション」といったコンビニ・チェーン独自のPB商品の展開を始め，製造業者との新しい関係と新たな流通が生まれた。大手コンビニ・チェーンはPB商品を展開することにより強力なストア・ブランドを築き始めたのである。その結果，大手コンビニ・チェーンの競争力が一段と強まった。

　多くの伝統的小売はすでに述べたように限界小売業者ないしは消滅小売業者となり，それと同時にコンビニ店の新規開店が続き，多くの地域でオーバー・コンビニの状況になった。その結果，コンビニ・チェーン間の競争が一段と激しくなり，個人経営の万屋的なコンビニエンス・ストア，協同組合が主導のコンビニ・チェーンだけではなく，中小のローカル・コンビニ・チェーンも消滅したり，大手のチェーンに吸収合併されることとなった。そればかりか，サークルKとサンクスの合併，それによって生まれたサークルKサンクスがさらにファミリーマートと経営統合することとなり，さらにまた，コンビニ業界中堅下位のココストアがファミリーマートに買収され，大手ベストスリー間の寡占化と競争が一段と激化してきている。

　最近のネット通販の急激な発展に対し，ネットコンビニを始めるとともにオムニチャネル化を試み，また，ネット通販のデポとして物流の拠点ともなってきている。さらに，今や世界最強の競争力を持つ日本のコンビニ・チェーンは国内展開から外国展開を目指し始めている。したがって，まさに日本のコンビニはPB商品化とグローバル化によって，日本ばかりか世界におけるブランド流通革命進展の代表的存在となっているのである。

9 量　販　店

　日本では長い間，小規模な伝統的小売が集合して街の商店街を形成し，消費者に流通サービスを提供してきた。彼らの流通生産性は小規模ゆえに高くはなく，それが価格に反映され，提供するモノ商品の価格は高いものとなっていた。その後，ブランド商品流通革命が起こり，商う商品はモノ商品からブランド商品へと代わったが，街の伝統的小売はブランド企業が設定した定価販売を忠実に守ってきたのである。

　そのような中，1970年ごろから，主としてメーカーであるブランド企業が指示する定価ではなく，ディスカウント価格で販売する大規模小売が急速に発展してきた。それが当初ディスカウンターと呼ばれた量販店である。最初はカメラの分野で誕生したが，次第に家電，薬，酒，アパレルといった多くの商品分野に拡大し，定価販売されていたブランド商品を低価格で販売し，小規模な伝統的小売から彼らの顧客を奪い，大型化，チェーン化を実現し，日本の小売流通を大きく変革してきたのである。同じブランド商品を伝統的小売の定価販売よりもかなり低価格で大量に販売することから多くの消費者の評価と支持を得たのである。というのは，同じブランド商品ならば，価格が安いほうがよいとする消費者の購買行動は当然のことである。ここにメーカーであるブランド企業と総合スーパーのかつての争いに続いて，ブランド企業と量販店との価格を巡る争いによってブランド商品流通革命が進行しているのである。

　次第に量販店の販売力の増大に対応し，ブランド企業は伝統的小売からチャネルの中心に量販店を位置付けるようになってきた。それはまた，ブランド商品のリーダーシップがこれまでのブランド企業から量販店へと次第に移り始めたことを意味するものである。いずれの量販店もブランド商品の出現と発展がもたらしたセルフサービスに基づくもので，ブランド商品流通革命を牽引している新しい小売業態である。

(1) カメラ・家電量販店

　日本の消費者は高度成長の恩恵にあずかり所得が上昇し，その結果，かつて贅沢品であったメカニズム・ブランド商品が大衆化した。その中で市場がいち早く成長し，成熟したのがカメラや家電といったメカニズム・ブランド商品であった。

　日本では，1955年から71年までカメラの再販制度[19]が認められていた[20]。一方，同じメカニズム・ブランド商品である家電は再販制度が認められていなかったが，メーカーは流通系列化に成功し，価格は硬直的であった。1960年代の後半に勃発した総合スーパーの雄ダイエー（当時，現イオングループ）と松下電器産業（当時，現パナソニック株式会社）とのヤミ再販を巡る争い[21]にみられるように，カメラや家電は再販制度の指定があるなしにかかわらず両者ともメーカーが強力な流通支配力とブランド力を持っていたのである。

　ところが，盤石に見えたメーカーの流通支配を打ち破る動きが出てきた。それはこれまで定価販売を続けていたカメラや家電の安売りをするディスカウンター，すなわち，安売り店が出現したのである。その背景にあげられるのは，メーカーの技術開発と生産の進歩によるメカニズム商品の品質の飛躍的な向上があり，その結果，それまでは当たり前であったメカニズム商品の故障を直す修理の必要性がほとんどなくなり，カメラや家電は技術を全く持たない単なる販売員が消費者に売ることができるようになったことである。街の小売店，すなわち，カメラ屋，電器屋といった伝統的小売が持っていた故障を直す修理の技術という強みが次第に失われていった。というのは，大量生産によりコストが低下し，価格が下がると同時に製品の改良により，品質が向上し，故障が少なくなり，しかも故障の修理をメーカー自体が保証するブランド商品となったからである。その結果，特別な技術を持たなくてもカメラや家電のブランド商品を販売することができるようになった。多くのカメラや家電のブランド商品が急成長し，間もなく市場は新規需要が減り，買い替え需要が中心となる成熟期を向かえ，メーカーの生産能力と市場の需要との需給ギャップが生じ，メーカーはマーケティング戦略，特に販売戦略とチャネル戦略を再構築しなければ

ならなくなった。

　価格競争の結果，かつてはメーカーが握っていた流通のリーダーシップは販売力を持った小売が次第に奪い取ることとなった。それがカメラ量販店であり，家電量販店である。換言すれば，低価格大量仕入と低価格大量販売を特徴とする小売店が出現し，急速に発展したのである。

　現在ではカメラと家電の量販店は一体化し，取扱商品の中心にカメラと家電が位置付けられている。大手量販店の株式会社ヨドバシカメラ，株式会社ビックカメラは社名にカメラが付されているが，その前身は様々であり，たとえば，ヨドバシカメラはカメラの小売店ではなく卸である現金問屋から発展したものであり，ビックカメラは創業時からカメラの小売である。一方，量販店の最大手の株式会社ヤマダ電機はその社名通りもともとは街の電器屋から始まり，カメラは扱っていない。

　今やヤマダ電機は売上高1兆8940億円（平成26年3月期），ビックカメラは8054億円（2013年8月期），ヨドバシカメラは6371億円（2013年9月期）とそれぞれ巨大な販売力を誇っているが，いずれもメカニズム・ブランド商品をブランド企業から仕入れ，それを販売しており，PB商品はほんの一部のもの[22]を除いては展開していない。あくまでもメカニズム・ブランド商品をブランド企業から販売力を背景に低価格で大量に仕入れ，低価格で大量に販売することにより，急激に成長してきたのである。

　しかしながら，次第に彼ら量販店の成長に陰りがみえ，曲がり角に差し掛かっている。カメラ・家電量販店はMB商品を安く仕入れ，安く販売するというビジネスモデルであり，ブランド流通革命の第1段階であるブランド商品流通革命においてカメラ・家電のMB商品の低価格販売に成功し，大きな勝利をおさめ主役のひとつになったが，第2段階のPB商品流通革命，第3段階のネット通販流通革命には明らかに乗り遅れているといえる。そのうえ，次の市場を牽引する新たなブランド商品が見当たらないのである[23]。

　今やカメラ・家電の商品は，たとえば，コンパクト・デジタルカメラやテレビにみられるようにメカニズム・ブランド商品のコモディティ化が進行し，低

価格訴求による激しい競争になってきている。さらに拍車をかけているのがネット通販である。ネット通販は，リアルの店舗である量販店がいかにコストを削減して運営しているとはいえ，無店舗のためコスト優位性があり，価格競争力が強い。

カメラ・家電量販店の経営についていえば，売上高に比し，その利益はかなり低い。たとえば，ビックカメラは2014年8月連結決算で売上高8298億円，税引き利益は前年比4倍と史上最高となったが98億円にすぎない[24]。したがって，ビックカメラ，ヨドバシカメラの例にみるように，カメラから家電へと扱う商品を広げ，その後，さらにIT機器，携帯・スマートフォンへ重点商品を変えながら，成長してきたカメラ・家電量販店はブランド商品流通革命のヒーローであったが，PB商品流通革命，ネット通販流通革命に当たり，その座が揺らぎ始めてきている。

最大手のヤマダ電機は住宅分野への新規参入を始めているが必ずしも順調に展開しているとはいえないようである。カメラ・家電量販店は将来にわたり利益をもたらす次の新たな価値ある情報の創造と展開に今のところ成功しているとはいえないのである。

(2) ドラッグストア

長い間，薬事法[25]と再販制によって競争が制限されていたのが医薬品である。薬事法は薬局，薬店[26]の自由な新規参入と競争を制限し，再販制は定価販売の維持を可能としたのである。その結果，薬九層倍といわれるように医薬品は粗利が大きく，街の薬局，薬店はつぶれることなく，商売ができていたのである。

この医薬品流通を大きく変革させたのは規制緩和であった。薬事法が改正され，新規参入が次第に容易となった。それと同時に長らく独禁法の例外商品として再販制度で守られていたが，1997年の独禁法の改正によりすべての医薬品は再販制度の例外指定解除になり[27]，価格の自由化と競争の激化が始まったのである。

しかしながら，その背景で重要な働きをみせたのは医薬品のブランド商品である。多くの消費者がテレビのCMなどで大衆薬といわれる一般医薬品のブランド商品に対し，ブランド選好を持ち始めたことである。医者の処方箋が必要な一部のOTC[28]を除いた多くの一般医薬品はブランド企業のマーケティングによって消費者の評価と支持を得てブランド商品となったのである。たとえば，風邪薬の「ルル」，のど・咳の「龍角散」「VICS」，ビタミン剤の「アリナミンA」などである。消費者は医薬品へのブランド・ロイヤリティを持つようになった。このようなブランド商品の存在が薬事法の改正と相まって，一般医薬品のセルフサービスが可能となり，医薬品の量販店であるドラッグストアの生成と発展を生み，周知のように街の薬局，薬店を大きく変えたのである。

日本におけるドラッグストアは，アメリカよりも1世紀以上も遅れた1970年代にようやく誕生し，その後，急速に成長して今日に至っている。ドラッグストアとは薬店に対応する英語ではあるが，その用語は薬事法にはないが，すでに一般化しており，総務省によって次のように定義されている[29]。

「医薬品，化粧品を中心とした健康及び美容に関する各種の商品を中心として，家庭用品，加工食品などの最寄品をセルフサービス方式によって小売する事業所。」

そして，次の4つの標準をすべて満たすのが，ドラッグストア業態と位置付けている。

- セルフ販売方式（店舗全体の50％以上）を取る。
- 医薬品，化粧品，衛生用品，日常品を取り扱う。
- 医薬品・化粧品の売り上げ構成比が30％以上。
- 取扱カテゴリーは医薬品・化粧品を含み5つ以上を取り扱う。

ドラッグストアは急速にチェーン化し，大量仕入，低価格大量販売を実現し，街の小さな薬店，薬局を淘汰し，大型化してきている。今やドラッグストアと薬店，薬局といった薬屋との競争はほぼ終了し，ドラッグストアの圧倒的

な勝利に終わった。その後，ドラッグストアのチェーン同士の競争に入ってきた。

次第にドラッグストアは新たなる課題に直面した。そもそも多くの消費者にとって，薬は日常品的な必需品ではなく，病気とか体調を崩したときにのみニーズが発生するものである。ところが大型化した店舗を維持するにはある程度以上の売上と利益が必要となる。そのため，ドラッグストアは消費者に毎日のように来店し，買物をしてもらえるように薬以外の日常品，最寄品を扱うようになった。当初は薬店，薬局の主たる取扱商品である医薬品の延長線上の化粧品，雑貨などが中心であったが，徐々にその枠を打ち破り，書籍，そして，毎日消費する食品まで扱うようになってきた。元来薬屋であるドラッグストアには薬以外の商品についての知識や販売のノーハウが原則としてない。しかしながら，そのようなドラッグストアでもブランド商品の雑貨，飲料，食品であれば，それを仕入れ，販売することは可能である。

したがって，薬以外の一般ブランド商品が今日のドラッグストアの経営を支えていることになり，これもブランド流通革命のひとつの結果だといえるのである。今やドラッグストアはMB商品だけでは競争上の優位性を保つことが難しくなり，独自のPB商品を開発し，展開を始めている。あるPB商品は低価格を武器に，また，あるPB商品は，たとえば，マツモトキヨシの「MKアルジェラン」のようなMB商品にはない高品質を武器に開発・創造され，成功をみせている。

しかしながら，ドラッグストアにも競争，脅威が常に存在している。同業態のドラッグストア同士の競争ばかりか，まだ完全には実現されてはいないが，一般医薬品を24時間販売するかもしれないコンビニの潜在的な脅威があり，そしていまだ問題があるにはあるがそれ以上の現実的な脅威となっているのが薬のネット通販である。ドラッグストアにとっての最強の競争相手は，現在，ネット通販となってきている。もちろん，多くのドラッグストア・チェーンはそれに対抗して，ネット通販の事業を始めている。

ドラッグストアは薬事法の改正による規制の緩和と再販制の指定解除によっ

て，ブランド商品である医薬品の低価格大量販売からその成長が始まり，PB商品流通革命，ネット通販流通革命というような第2，第3の段階のブランド流通革命に果敢に対応し，その寵児となった。しかしながら，次第にその成長は踊り場を迎え，M&A（企業買収，企業合併）といった構造改革と寡占化が始まり，今や新たな局面に突入しているのである。

(3) 酒　量　販　店

日本の商店街において戦後から長らく商売をしてきた伝統的小売の御三家があった。薬屋，米屋，酒屋である。薬屋については，前述したように薬事法の規制緩和によってドラッグストアに取って代わられ，その一方，米屋，酒屋についていえば，まず，米屋は戦事体制による米（コメ）の配給制度や販売業者の規制[30]が御三家のなかでは一番早くなくなり，また，酒屋は販売免許制度[31]が緩和され，自由化が進み，今や米，酒はほとんど小売の誰でもが扱うことができるようになった。その結果，商店街の伝統的小売である米屋，酒屋の多くは廃業，閉店し，また，残りの一部の者は新たに出現し，急速に発展してきたコンビニの加盟店，すなわち，フランチャイザーとなり，看板替えをして生き残りを図っている。

薬の小売にはドラッグストアが新たに生まれたが，米の小売にはそれに見合う米量販店といった新規参入はなく，米の販売許可制度が撤廃されるとあっという間に伝統的米屋はなくなり，総合スーパー，食品スーパー，独立食料品店，そして，新たに登場したコンビニなどおよそ食品を扱うありとあらゆる業態の小売で米が売られるようになった。米と同様な変革は酒の小売にもみられたが，両者には決定的な違いがある。その違いとは，米には生まれなかったが，酒にはカメラ・家電と同様にディスカウンターが1990年代に生まれ，低価格での大量販売に成功した酒量販店チェーンがみられるようになったことである。たとえば，カクヤス[32]，やまや，リカーマウンテン，藤桂京伊，エノテカ，酒のすぎた，酒のスーパータカギなどである。

周知のように酒にはいくつかのカテゴリーがある。日本酒，ビール，ウイス

キー，ワイン，焼酎，リキュールなどであるが，どのカテゴリーの商品であっても，長い間酒税法と販売免許制のもとで定価販売が遵守されてきた。さらにみてみると，日本酒には大手メーカーは存在するが，全国には地酒と呼ばれる小規模な生産者，醸造業者が多数存在している。それぞれの生産者はブランド商品を市場に出しているが，多くの場合，地酒と呼ばれるローカル・ブランドのままである。もちろん，多くの消費者に知られた有名な日本酒のブランド商品はあるにはあるが，全国市場を支配するような強いロイヤルティのあるブランド商品はない。したがって，規制緩和によって，価格の自由化が起こり，酒量販店によって，日本酒から低価格販売が始まったといっても過言ではない。

次に，ビールについていえば，典型的な寡占市場で，地ビールが解禁されたとはいえ，ほぼ4社のMB商品が市場を独占している[33]。それぞれがブランド競争を激しく展開しているのである。世界的なアルコール飲料であるビールであるが，日本のビール醸造技術は素晴らしく，どのブランド商品であっても，目隠しをすればブランドを間違えるほどブランド間には大きな差異がみられない。その結果，次第に各ブランドは価格競争に巻き込まれ，当初より酒量販店の戦略商品となっているのである。その後，第2のビール，第3のビールといわれる新たな低価格のビールの類似品のブランド商品が続々と生まれているのはその流れのひとつである。

かつて日本酒，ビールとともに酒の主要な市場を形成していたウイスキーであるが，今やその面影がない。「サントリー」が一時独占的なブランド力を誇っていたが，消費者のウイスキー離れが起こり，ブランド企業であるサントリーホールディングス株式会社は「サントリー」のブランド力の復活に躍起になっている[34]。現在のところ，低価格で販売する酒量販店といってもウイスキーは未だ中核的戦略商品とはなっていない。

一方，焼酎，ワイン，リキュールなどは以前に比して人気が高くなり，消費は拡大している。焼酎の中にはブランドが確立されたものがあらわれてきている。また，輸入ワインをはじめとして国産ワインにもブランドが多数存在している。しかしながら，焼酎，ワインについていえば，一部のヘビーユーザー

図表15 カクヤスの売上高推移

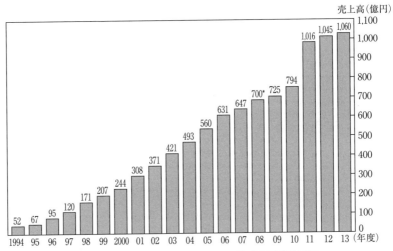

＊2008年度は決算期を修正しており，10ヶ月の変則決算になるが，12ヶ月に補算した数値を表示。
出所：http://www.kakuyasu.co.jp/corporate/sales/

（大量飲酒者）やマニアを除いて，多くの消費者にとっては個々のブランド商品が低価格で販売されるようになったとしても価格と価値の判断がつかない。したがって，十羽一絡げでモノ商品として認識せざるをえないといった状態であり，価格の絶対額が安いということを訴えるのがせいぜいである。同様にリキュールのブランドも次第に確立されてきているが，やはり多くの消費者は，ブランドではなく，モノ認識であり，価格で判断することが多い。したがって，焼酎やワインと同様に絶対額の安さを武器にするか，二重価格でアピールするしかないと思われる。

　このように酒量販店は低価格を武器にした販売力を背景に，構造的に生産過剰のもとにありながら，伝統的な特約店制度の下に長い間胡坐をかいていた卸をカットし，メーカー，生産者と直に交渉し，MB商品を低価格で仕入れることに成功した。その結果，これまでの定価よりもかなり低価格，すなわち，卸価格に近い価格でMB商品を小売販売することが可能となり，急成長したが，このところ曲がり角に来ているようである（図表15「カクヤスの売上高推移」，参照）。

一方，コンビニでは相変わらず定価販売で酒のMB商品が売られている[35]。定価で買う消費者が多数いるのである。換言すれば，酒の商品特性，すなわち，重量が重く，その割には価格が安いため，消費者はわざわざ車で遠くの酒量販店まで行くのではなく，近場の酒販店やコンビニで買物をするということになる。したがって，酒量販店の出現と発展は，酒のヘビーユーザーや飲み屋などの飲食店ないし業務用ユーザーにとっては大きなインパクトがあり，これまでの酒の販売者であった伝統的小売である酒屋，酒販店に壊滅的な打撃を与えているが，一般的な消費者にとっては，今のところそれほどの影響を与えているとは必ずしもいえない。

　しかしながら，酒量販店が特約店制度という伝統的な流通システムを破壊し，同時に長い間続いていた定価販売を崩し，価格破壊をもたらしたが，それはあくまでもブランド商品の酒であり，ブランド認識されていない単なるモノ商品としての酒ではない。したがって，酒量販店はブランド流通革命の旗手のひとつではあるが，まだ強力なPB商品が創造，展開されているとはいえず，しかもネット通販との新たな競争に直面している[36]のが現状である。いずれにせよ長い間酒税法と販売免許制度の下で，日本特有の流通と日本的取引慣行の下にあった酒流通が，現在では，ブランド流通革命の渦中に巻き込まれているのである。

（4）アパレル量販店

　かつて日本のどの商店街にも必ず洋品店，衣料品店があったが，ブランド流通革命の波にのまれ，いつの間にかその多くは閉店，廃業し，現在ではほとんどみられなくなってきている。その代わりに誕生し，発展してきているのが，街の商店街ではなく，商業地域や駅前に単独店として，そしてまた，郊外のSCにテナントとして出店しているアパレル・チェーンである。このアパレル・チェーンはかつての洋品店，衣料品店の単なる現代版というものではない。モノ商品を扱うのではなく，ファッションという情報付きのブランド商品を扱い，それをセルフサービスで大量に販売するアパレル量販店という新しい

V　ブランド流通革命の機関別・業態別・商品別研究　*167*

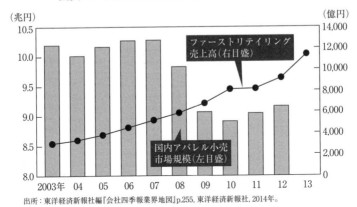

図表16　国内市場規模とファーストリテイリング

出所：東洋経済新報社編『会社四季報業界地図』p.255, 東洋経済新報社, 2014年。

業態である。

　アパレルの中でファッションが優先するのが外着に相当するアウターであり，それには多くのファッション・ブランド，たとえば，「オンワード」「ワールド」「バーバリー」「レナウン」「ルック」などが，卸の創造，展開するPB商品（多くの消費者はMB商品と誤解している）として，早くからブランド化されてきている。その一方，外からは見えないTシャツ，下着，靴下などのインナーには，「ワコール」「グンゼ」「福助」「ナイガイ」といったMB商品やPB商品のブランドがあるにはあるが，多くのモノ商品も並立していた。ブランドはそもそも他人に見せることが重要であり，そのためインナーのブランド化は遅れていたのである。

　そのような中，あえてブランドを強調せず，SPA[37]によって，品質の割には価格を安くしたコスト・パフォーマンスの良いPB商品，すなわち，ストア・ブランド商品を当初はインナーを中心に展開し，アパレル市場が低迷しているにもかかわらず，急成長を遂げてきたのが「無印良品」「しまむら」，そして，とりわけ大成功している「ユニクロ」（図表16「国内市場規模とファーストリテイリング」参照）に代表されるアパレル量販店である。これらの量販店はブランド流通革命を背景に，ストア・ブランドを創造・開発し，その展開に成功した

のである。今や「ユニクロ」や「無印良品（外国では「MUJI」）」は，前述したように，単なる国内ストア・ブランドではなく，外国市場に進出し，リージョナル・ストア・ブランド，グローバル・ストア・ブランドとなりつつある。また，外国からグローバルに展開しているアパレル量販店，たとえば，「GAP」「ZARA」「H&M」なども日本市場に参入し，アパレルのブランド流通革命の一翼を担っている。

最近，新たに小売自らが流通機能を果たし，流通すべてのコントロールをしようとする動きがある。「ユニクロ」を運営・展開している株式会社ファーストリテイリングの柳井正会長兼社長は次のように述べている[38]。「（小売業は商品の）企画製造から物流，販売まで同時に行う産業に代わる」。まだまだ「ユニクロ」はブランド流通革命の革命児としてのトップランナーであり続けるのであろうか。

(5) そ の 他

その他にも，いくつかの量販店が誕生，発展し，日本のブランド流通革命を推し進めている。まず，外資であるが日本の玩具流通を一変した玩具量販店の「トイザらス」，家具量販店の「イケア」[39]などの量販店のチェーンが展開しているストア・ブランド商品やPB商品は日本の消費者の評価，支持を得て，日本におけるブランド流通革命の一翼を担っている。その一方，日本の資本では，最近，セブン＆アイグループの傘下に入った「フランフラン」[40]をはじめ「ニトリ」「島忠」「無印良品」[41]「東急ハンズ」などが家具・雑貨を中心とした新たな業態で展開している。さらに，「DCMホールディングス」「カインズ」「コメリ」などのホームセンターや「ドン・キホーテ」などのバラエティ・ディスカウント・ストアも新たな業態として発展し，彼らはいずれもストア・ブランド商品を武器にブランド流通革命を推し進めている。

なお，本・書籍についていえば，大型店のチェーンがいくつか量販店として展開されているが，これは再販制度が認められているため，低価格，すなわち，定価の価格破壊に基づくものではなく，品揃えによるものである。換言す

れば，本・書籍という商品の特殊性により，PB化は不可能であり，品揃えをはじめとするサービスの充実に基づいたストア・ブランドの訴求により，街の本屋の市場を構成する消費者を奪いながら発展したものである。しかしながら，本・書籍の量販店についていえば，日本で今や書籍を最も販売する業者はコンビニ・チェーンの「セブン-イレブン」であり，それに続くのがネット通販の「アマゾン」であり，特に「アマゾン」では，最近，クーポン付与といった実質的値引きを始め，流通に大きな問題を投げかけている。また，今後，モノ商品という書籍ではなく，情報商品としてのeブックが本・書籍の流通に少なからず影響を与えることとなるであろう。

　以上，量販店について若干考察したが，その多くは定価販売から割引した価格で販売をするディスカウンターとして誕生し，成長したものが多い。このことはメカニズム・ブランド商品や価格支配が強い一般ブランド商品のすべてにみられるものである。しかしながら，必ずしも価格破壊だけが武器ではなく，たとえば，株式会社良品計画が展開している小売チェーン「無印良品」のように品質とコンセプトを武器に情報の訴求を行い，消費者のストア・ブランド商品としての「無印良品」に対する評価と支持を得て，成長している量販店チェーンもある。
　もちろん，最近では（一部を除いて）すべての量販店はPB商品ばかりかネット通販にも進出しているといっても過言ではない。
　このように新たにブランド商品の出現と発展によって生まれた新しい小売業態である量販店は，ケース・バイ・ケースで独自の経営手段を用い，ブランド流通革命を推し進めている中心的な小売となっているのである。

10　通　信　販　売

　日本は長い間，通信販売の不毛の地といわれてきた。もちろん，通信販売業者がまったくなかったわけではなく，存在していたのは事実であるが，特殊な

商品を商う一部の業者にすぎなかった。不毛の理由としてあげられるのは，日本は本格的かつ総合的な通信販売が発展しているアメリカやヨーロッパの一部の国と比して国土が狭く，しかも長い歴史があり，すでに江戸時代に商業のネットワークが国内の隅々にまで出来上がり，どんな地域にも常設の店舗があるため，無店舗で郵便制度や小包制度に依存する通信販売の存立する必然性がすくなかったからだと考えられる[42]。

　1960年ごろから経済の高度成長が始まり，ようやく日本にも本格的な通信販売業が生まれ，成長してきた。それは商品の情報メディアとして，カタログだけではなく，主として，新聞，雑誌，ラジオ，そして，テレビというマス・メディアを使い，注文は郵便や電話で行うという通信販売である。商品は，原則として，小包郵便や宅配で配送され，代金の決済は振り込み，その後，次第に代引き，クレジット・カードといった方法も行われ始めた。

　今日でも通信販売で売られている布団圧縮袋や高枝切鋏のようなヒット商品，ロングライフ商品が生まれたが，それらはあくまでもモノ商品であった。同時に，通信販売業者もほとんどが大規模化せず，わずかに株式会社セシール[43]など一部の業者が株式上場をする規模になっただけである。

　そのような中，20世紀末，モノ商品ではなくブランド商品，とりわけ家電といったメカニズム・ブランド商品を定価よりかなり安く販売するテレビショッピングの業者が現れた。その代表のひとつが年間1,000億円以上の売り上げを達成した株式会社ジャパネットたかたである。テレビショッピングは放映料がかなり高額なので，短い時間の中で商品の説明をしなければならない。その点，ブランド商品はすでにブランド企業が消費者へ情報の伝達をしており，余計な説明はかなり省略でき，通販の利点である無店舗による経費削減と大量販売を背景としたブランド企業との価格交渉による仕入れコストの低下も相まってかなりな低価格で販売するという価格訴求に成功したのである。

　その一方，ブランド商品ではないモノ商品を扱うテレビショッピングは消費者の情報不足から信頼がなく，それを克服するにはあらゆる角度からの説明が必要となり，短時間ではなく，かなりな時間が必要となる。そのため，モノ商

品のテレビショッピングは放映料の安い深夜にならざるをえないといえる。

しかしながら，当初はモノ商品とみなされていたが，消費者の評価と支持があり，ブランドとみなされるようになったモノ商品も現れた。それらには，たとえば，洗浄機器の「ケルヒャー」，掃除機の「ダイソン」などがあげられる。このように日本における通信販売もようやくテレビショッピングの隆盛によって商品流通のひとつとしてあげられるようになってきた。

さらに，20世紀の末から21世紀の初頭にかけ，日本もIT時代となり，インターネットを媒体とする新しい通信販売，すなわち，ネット通販が現れ，急激に発展してきている。今やモノ商品ではなく，ブランド商品を主として扱うネット通販がブランド流通革命をリードしている観がある。このネット通販には多種多様な業者が新規参入し，それまでの通販業者を駆逐するとともに既存の流通業者にも大きなインパクトを与え，一段と進展してきている。そしてまた，専業業者ばかりか兼業業者も参入し，ネット通販の競争がそれだけ激化してきている。

ネット通販で扱われるのはブランド商品が主で，保証や責任はブランド企業が担っているため，消費者は見も知らない通販業者でもニセ・ブランド商品や詐欺でない限り，安心して利用することになる。その結果，消費者にとっての問題は同じブランド商品を誰が一番安く販売しているかということになる。ネット通販では同じブランド商品を，ある場合には，ブランド企業，複数の卸，多数の小売が各々のサイトで販売することがあり，今や大激戦である。また，物販だけではなく，これまでモノ商品としてレコード，LP，CDといった形で販売されていた音楽，わざわざ映画館にまでいかなければならなかった映画をインターネットによって情報として配信するという新しい流通が生まれてきた。これもネット通販のひとつであり，ブランド流通革命の一局面となっている。

一部の大手小売チェーンはリアルの店舗とネット通販を組み合わせたオムニチャネルを開始しているが，まだそのシナジー効果は十分には出ていないようである。今や総合ネット通販業者である「アマゾン」，そして，ネット通販業者

に場を提供している「楽天市場」「ヤフー」などの発展にみられるように、ネット通販は多くの伝統的な小規模流通業者を閉店、廃業へと追いやり、量販店の売り上げに大きな影響を与え、流通構造を変革させ、急速に発展している。まさにブランド流通革命の第3段階のネット流通革命が今やブランド流通革命の主役となってきている。

11 アウトレット

　アウトレット 'Outlet' とは、英語で出口を意味するもので、商品の出口、すなわち、小売店となるのであるが、まさにブランド流通革命の落とし子のような小売である。アウトレットは小売であるが、単なる商品の出口としての小売ではない。ブランド商品の売れ残り、キズモノなどの理由（わけ）あり在庫品を定価の30％、中には80％、90％オフで販売するブランド・ディスカウント店である。アメリカでは、その経営はブランド企業、卸、小売など多様な主体が担っているが、日本では主としてブランド企業が展開している。
　通常、ブランド企業は売れ残り、賞味期限切れなどの在庫品はブランド価値を維持するために処分をしている。それにもかかわらず、かなりな安売りをするのはなぜであろうか。卸や小売が買い取りで、返品ができない場合にディスカウントして処分するのはそれなりに理解ができるが、ブランドを創造し、展開しているブランド企業自体がアウトレットを経営するのは一体どういう意味があるのであろうか。
　そもそもブランド商品の定価とは、ブランド企業が消費者に約束する満足の金銭的表示である。売れ残るということは、約束した満足よりも提示した価格が高すぎるということになる。そこで、ブランド企業はアウトレットに進出して、価格の再提示をするということになるのである。ただし、多少のディスカウントはまだブランドの範疇に入るかと思われるが、80％、90％オフというものは明らかにブランド商品を放棄したモノ商品としての価格である。したがって、アウトレットに進出したブランド企業はもはや自社のブランド商品がブラ

ンドではなくなったことを自他ともに宣言しているようなものである。

　後は，消費者の反応次第である。たとえば，消費者は何年か前に10,000円の価格であったアパレルのブランド商品が2,000円で売られているとしても，わざわざそのために遠く離れたアウトレットショップまで買いに行くであろうか。おそらく大半の消費者は行かないであろう。そのため，近年では個々のアウトレット店舗単独では顧客吸引力がないので，多数のブランド商品のアウトレットショップを集めたアウトレットモールを作り，再び消費者へアピールを始めている。

　御殿場，軽井沢をはじめとして急速に日本全国にアウトレットモールが乱立し，さらに新規オープンするものもかなりある。東京周辺をみても，最近，千葉の館山，成田といったところにアウトレットモールがオープンしている。ところが，これらのアウトレットモールはアウトレットを称しているが，入居している店舗のほとんどはアウトレットではない。確かに80％オフ，90％オフと過激に安さを訴求している店舗はあるが，ほとんどは10％オフといったささやかなディスカウントであり，最早アウトレットモールではなく，かつてのブランド商品のショップと現在のブランド商品のショップが混在するショッピングのテーマパークにすぎない。

　休日のかき入れ時に訪れても，パーキングスペースが足りないので訪問者が多いのは事実であるが，客で混んでいるのはフードコートだけであり，かろうじて一部のブランド商品の店舗だけに主として外国人の観光客が群がっているといった有様である。狙いは，もはやアウトレットモールという安売り店が集まった観光地というだけでは，日本の消費者を思うほど吸引できず，とりわけ買物を目的とした中国人をはじめとした外国からの観光客に焦点を当てているようである。

　日本人の消費者にとって，かつてのブランドであってもアウトレットにあるブランド商品はもはやモノ商品と同様な認識をするが，中国人の消費者にとってはいまだブランド品であるということかもしれない。そのうえ，日本では偽物がなく安心で，かつ価格がかなり安いので二重の意味でかつてのブランド商

品が評価されているのかもしれない。

　しかしながら，ブランド商品からモノ商品への転落は，消費者の評価，支持を失ったことを意味し，今後，再びブランドとして評価，支持されることはかなり困難である。アウトレットモールが市場で敗北したかつてのブランド商品の墓場になる恐れが十分にあるといえよう。したがって，情報価値の付加ではなく価格のディスカウントを武器とするアウトレットはブランド流通革命に逆行したあだ花であり，いつまでも咲き続けるとは考えにくい。いずれにせよ，アウトレットはブランド流通革命のひとつの証（あかし）の役割を果たしているのかもしれない。

　アウトレットモールの開発業者はこのような現状をすでに気付いており，次第にかつてのブランドではなく，今流行りのブランド・ショップをテナントとして集めようとしている。そうなるとアウトレットモールとショッピングセンター（SC）の垣根は遅かれ早かれなくなるかもしれない。

12　お わ り に

　これまで考察したように現在進行中の流通革命はブランド流通革命であり，流通の客体である商品がモノ商品からブランド商品に代わったことによって引き起こされた長期にわたる異次元の流通の大きな変革である。

　商品に情報が付加されたブランド商品は生産者ないしメーカーに限定されるわけではなく，卸，小売といった流通業者が創造，展開するケースも数多くあり，いずれのケースでも，本来，彼らは紛れもないブランド企業ということになる。しかしながら，卸，小売のブランド商品は未だメーカーのMB商品とは一線を画したPB商品として扱われ，その結果，ブランドをめぐる流通の理解にはいまだ混乱が起こっている。

　生産者，製造業者，メーカーが創造し，展開を始めたブランド商品，すなわち，MB商品は流通を大きく変えることとなった。前世紀の後半から末にかけ，伝統的な卸・小売からなる流通機構を打ち砕き，多くの卸が淘汰され，あるい

は，再編成され，その影響は小売にも及び，流通近代化，いや流通革命，すなわち，ブランド商品流通革命をもたらすこととなった。

このブランド商品流通革命はセルフセレクションとセルフサービスによるところが大であり，それを可能としたのは情報付きの商品であるブランド商品である。したがって，ブランド商品の出現と発展は消費者がブランド情報に反応することにより，彼らの買物行動を従来の伝統的な対面販売からセルフサービスへと大きく変えたのである。このセルフサービスは流通を大きく変え，総合スーパー，コンビニ，量販店といった新しい小売業態をもたらし，ブランド流通革命の第1段階，ブランド商品流通革命が開始されたのである。

まず，MB商品のブランド化に成功した生産者，製造業者，メーカーはこれまで流通を支配していた卸をマーケティング・チャネルの構成メンバーとして自らのコントロールのもとに置き始めたのである。それによって，次第に伝統的な卸と小売が限界流通業者に押しやられることになったのである。これがブランド商品流通革命の幕開きであり，多くの消費者はそれまでのモノ商品ではなく，ブランド商品を選択するようになった。ブランド商品を前提とした新しい小売業態が生まれ，仕入と販売経費などのコスト・カットを行い，低価格販売を実現するとともに急激に成長し，チェーン化に成功した総合スーパー，コンビニ，多くの商品分野の量販店といった新しい業態が誕生し，今日まで発展してきている。

次に，日本にもアメリカより約1世紀遅れてようやくPB商品流通革命がブランド流通革命の第2段階のPB商品流通革命として，流通業者，商業者，とりわけ大規模小売業者によるPB商品の本格的な展開が始まろうとしているのである[44]。その展開を機関別，業態別にみてみると，かなり温度差があり，一様ではない。また，商品別にみても同様である。しかも急速に展開されてきたPB商品は一部ではもうすでに踊り場にさしかかっている。

そして，ブランド流通革命の第3段階のネット通販流通革命が急激に発展し[45]，その結果，ブランド流通革命は，卸・小売の機関，業態，そして，扱う商品の範疇を問わずすべての流通業者に大きなインパクトを与え，日進月歩に

進展しているのである。

　このように3つの段階からなるブランド流通革命のインパクトはかなり大きなものであるが，流通機関別，小売業態別，商品別にみてみると，それらは一様ではなく，多種多様な形であらわれてきている。

　しかしながら，激しい競争と消費市場の成熟により，ブランド流通革命の成熟期に差し掛かっている現在の日本では，多くの業態が成長の曲がり角にあるといえるであろう。いまや3つの段階を経たブランド流通革命の混乱の中から頭一つ抜きん出たのはコンビニと総合ネット通販業者だけであるといえるかもしれない。

---

1. たとえば，関根孝「『流通近代化』再考」専修商学論集第86号，2008年。
2. なお，平成流通革命として，流通の大変革を研究したものが，片山又一郎『平成流通革命』評言社，1994年である。同著では，川上と川下が逆転し，価格革命を平成流通革命として，平成流通の推移を多方面かつ詳細に論じているが，商品がモノ商品からブランド商品へと変わったことに起因するブランド流通革命の観点が残念ながら欠如している。
3. 梶原勝美「流通革命（Ⅰ）－ブランド流通革命」専修商学論集第98号，2014年。
4. 梶原勝美「PB（プライベート・ブランド）流通革命」専修大学商学研究所報第46巻第5号，2014年。
5. 梶原勝美「ネット通販流通革命」専修大学マネジメント・ジャーナルVol.4, No.2, 2014年。
6. 片岡物産は，「ゴディバ」の国内正規販売が始まった1972年から約40年間，販売元となってきた－http://headlines.yahoo.co.jp/hl?a=20140627-00050031-yom-bus_all (2014年6月27日，閲覧)。
7. 三陽商会は1970年に「バーバリー」のライセンス契約締結，以来40年以上になるが，2015年6月でライセンス契約が切れ，英バーバリー社は独自の出店戦略を進める方針－日本経済新聞，2014年10月16日。
8. 梶原勝美「PB（プライベート・ブランド）流通革命」pp.23-24。
9. 山村貴敬・鈴木邦成『アパレル業界のしくみ』p.136, ナツメ社，2009年。
10. 「日本通運は電子機器の製造受託サービス（EMS）会社と組み，中小企業からの部品の製造，物流を一括で請け負う事業に乗り出す。」－日本経済新聞，2014年

10月11日。
11. 佐川急便は大型の商業施設向けに，商品の仕入れ業務を一括で請け負うサービスを始めた。より効率的な配送サービスを提供しようとする物流会社の競争が激しくなりそうだ―日本経済新聞，2014年10月21日。
12. たとえば，次のような事例があげられる。ユニクロを運営する「ファーストリテイリング」大和ハウス工業と組み大型物流センターを国内外で建設。日本やアジアなど海外でも素材や商品の即日配送を目指す：「アマゾンジャパン」2013年9月に神奈川県小田原市で大型物流センターを本格稼働。関東・関西に加え静岡県などに即日配送の地域拡大：「楽天」2013年秋に兵庫県川西市で新物流センターを開設。西日本向けの配送期日を短縮：「ヤフー」アスクルと組み運営する通販サイト「ロハコ」で2012年から即日配送を実施：「ゾゾタウン」2013年に千葉県習志野市で新物流センターを稼働。2014年3月から即日配送を1都3県で開始―日本経済新聞，2014年10月13日。
13. イオン，東南アジアで自前物流―日本経済新聞，2014年7月3日。
14. 「日本百貨店協会が20日発表した9月の全国の百貨店売上高（既存店ベース）は4400億円で前年同月比0.7％減った。前年割れは消費増税後の4月から6か月連続だ。」―日本経済新聞，2014年10月21日。
15. 林周二『流通革命論』中公新書，昭和37年；『流通革命新論』中公新書，昭和39年；『システム時代の流通』中公新書，昭和46年。
16. 日本経済新聞，2014年10月20日。
17. http://www.jcsc.or.jp/data/what_sc.html（2014年2月21日，閲覧）。
18. http://www.jcsc.or.jp/data/sc_state.html（2014年2月21日，閲覧）。
19. 商品の生産者または供給者が卸・小売業者に対し商品の販売価格を指示し，それを遵守させる行為を再販売価格維持というが，流通段階での自由で公正な競争を阻害し，需要と供給の原則に基づく正常な価格形成を妨げて消費者利益を損なうため，多くの国では独占禁止法上原則的違法とされている。ただし，例外的に一部商品については一定の要件のもとに再販行為を容認している場合があり，それを再販制度と通称している。
20. 鶴田俊正『規制緩和―市場の活性化と独禁法』pp.196-197, 筑摩書房，1997年。
21. 片山又一郎，前掲書，pp.100-104；朝日新聞，1971年3月14日。
22. 梶原勝美「PB（プライベート・ブランド）流通革命」p.21。
23. たとえば，ヤマダ電機ではこれまでの1円でも家電を安く売るという価格競争をネット通販の出現により断念し，住宅のリフォームや太陽光発電の提案といった住宅事業に進出を試みている。
24. 読売新聞，2014年10月15日。

25. 薬事法は昭和35年に制定され，日本における医薬品，医薬部外品，化粧品及び医療機器に関する運用などを定めた法律である。その目的は，医薬品，医薬部外品，化粧品及び医療機器の品質，有効性及び安全性の確保のために必要な規制を行うとともに，医療上特にその必要性が高い医療品及び医療機器の研究開発の促進のために必要な処置を講ずることにより，保健衛生の向上を図ることになる。その後，幾多の改正を経て，2013年に「薬事法等の一部を改正する法律」の成立により，「医薬品，医療機器等の品質，有効性及び安全性の確保等に関する法律（略称：医薬品医療器機等法）」と改められた。
26. 薬事法によって，日本では次の5つの業態に限って医薬品の販売が許されている。薬局以外が薬店ということになる。英語では薬局は 'pharmacy'，薬店は 'drug store' である。
    - 薬局（薬剤師がいて，処方箋により調剤ができ，医薬品の販売もできる）
    - 一般販売業（薬剤師がいて，医薬品の販売ができる）
    - 薬種商販売業（医薬品について知識がある者がいて，大衆薬販売ができる）
    - 配置薬販売業（医薬品をあらかじめ各家庭に置いておき，後に使用した薬の代金を回収する方法で販売する）
    - 特例販売業（医薬品販売業がない地域や特に必要と認められた場合に，知事が指定した医薬品のみ販売できる）
27. 医薬品の再販制度は1954年に認められたが，1973年には26品目に限られ，1993年には12品目となり，1997年には全廃された―鶴田俊正，前掲書，pp.195-199。
28. OTCとは医師による処方箋を必要せずにカウンター越し 'over the counter' に販売される一般医薬品である。市販薬，家庭用医薬品，大衆薬，売薬などとも呼ばれる。
29. 松村清『ドラッグストアの動向とカラクリがよ〜くわかる本』p.10，秀和システム，2010年。
30. 戦時中（第2次大戦）に制定された食量管理法の下で米の配給が制度化され，1960年代にようやく米の配給制度はなくなった。しかしながら，コメの販売業者の規制は続き，許可制，登録制と続き，ようやく平成16年から，現行の食糧法の下で届け出制へと自由化された。
31. 長い間酒税の確保という名目のため，酒類販売免許制度が続いている。平成15年の酒税法改正で酒類販売は実質的には自由化されたといわれているが，いまだ免許制度が存続し，免許許可は無条件ではない。
32. http://www.kakuyasu.co.jp（2014年10月1日，閲覧）。
33. 「アサヒ」「キリン」「サントリー」「サッポロ」の4つのブランドであるが，もうひとつ，沖縄を主要な市場とする「オリオン」もあるが，現在ではアサヒグルー

プホールディングス株式会社の傘下に入っている。
34. サントリー株式会社は組織替えをして，サントリーホールディングス株式会社となり，その傘下のひとつに買収した米ビームを置き，さらにその傘下にウイスキーや低アルコール飲料（RTD）などスピリッツの事業会社としてサントリー酒類を置き，世界戦略を目指している－日本経済新聞，2014年10月17日。
35. ただし，一部のコンビニ・チェーンではビールのPB商品を開発し，低価格で販売している。たとえば，セブン-イレブンにおける「セブンプレミアムTHE BREWノドごしスッキリ」。
36. 因みに，カクヤスはPB商品「K-Price」を創造し，展開を始めたところである。また，2008年からネット通販を開始し，さらに，2009年にはアマゾン・ストアでのネット通販も開始している。
37. 梶原勝美「PB（プライベート・ブランド）流通革命」p.19。
38. 読売新聞，2014年10月15日。
39. Anders Dahlvig：志村未帆訳『IKEAモデル』集英社クリエイティブ，2012年。
40. 川島蓉子『フランフランの法則』東洋経済新報社，2007年；高島郁夫『フランフランを経営しながら考えたこと』経済界，2008年。
41. 「無印良品」はアパレルだけではなく雑貨の量販店でもある。
42. しかしながら，日本にも明治・大正期に通信販売が行われていたことを研究した著作がある－黒住武市『日本通信販売発展史』同友館，1993年。
43. 株式会社セシールは1971年創業の通信販売業者，1981年，テレビCM開始，1993年，店頭市場で株式を公開，2001年，東京証券取引所第一部に上場，2009年，フジ・メディア・ホールディングスのグループの一員になり，株式の上場廃止，現在，株式会社ディノス・セシール。
44. PB商品流通革命については，本書第Ⅲ章「PB商品流通革命」および梶原勝美「PB（プライベート・ブランド）流通革命」。
45. ネット通販流通革命については，本書第Ⅳ章「ネット通販流通革命」および梶原勝美「ネット通販流通革命」。

VI 結

　これまで本書で論じたブランド流通革命とはブランド商品の出現と発展がもたらした3つの段階，すなわち，第1段階のブランド商品流通革命，第2段階のPB商品流通革命，第3段階のネット流通革命からなる流通革命である。それ以前のモノ商品の時代からブランド商品の時代へと代わることにより，日本の流通に必然的に起こった新しい動き，それをブランド流通革命として考察を試みたものである。

　社会的分業が成立して以来，長い間，生産者がモノを生産し，それに必要な情報を流通機関，流通業者が付加し，初めて商品として，最終需要者である消費者へ届けられたのである。すなわち，モノ商品である。ところが，新たにブランド商品が誕生したのである。ブランド商品の誕生は3つの大きな流れからなるものである[1]が，いずれにせよ単なるモノ商品ではなく，情報付きの商品，すなわち，ブランド商品が（一部の醸造ブランド[2]を除いていえば）19世紀の後半以降，アメリカを皮切りに20世紀に入ると1960年代の日本をはじめとした多くの先進諸国において，続々と生まれたのである。この商品に情報を付加した者は生産者に限定されるわけではなく，卸，小売といった流通業者がそれにあたるケースも数多くあり，彼らはいずれもがブランド企業ということになる。彼らが創造し，展開を始めたブランド商品は，結果として，流通を大きく変えた。伝統的な卸・小売からなる流通機構を打ち砕き，日本では20世期の後半から末にかけ，多くの卸が淘汰され，あるいは，再編成され，その影響は小

売にもおよび，多くの小売が限界小売業者となるブランド商品流通革命をもたらすこととなった。

このブランド商品流通革命はセルフセレクションとセルフサービスによるところが大であり，それを可能としたのは標準化された情報付きの商品であるブランド商品である。したがって，ブランド商品の出現と発展は消費者の買物行動を従来の伝統的な対面販売からセルフサービスへと大きく変えたのである。このセルフサービスはブランド商品の出現と発展によるもので，それは同時に，総合スーパー，コンビニ，家電量販店，ドラッグストアなどの量販店といった新しい小売業態をもたらし，ブランド商品流通革命を進化させたのである。

したがって，ブランド流通革命というのは，これまでの多くの研究者によって論じられてきた流通主体の流通近代化ではなく，ブランド企業と彼らが創造し，展開するブランド商品，そのブランド商品を流通させる流通業者，そして，そのブランド商品を購買する消費者の合作による革命なのである。その有様は商品により，また流通形態により一様ではない。しかしながら，その革命をラジカルに進行させ，急激かつ広範囲なインパクトと影響を流通に与え，これまでの伝統的な流通組織，流通構造，流通行動を一変させつつあるのが，アメリカより約1世紀遅れてようやく日本でも始まったPB商品流通革命である。この革命はブランド流通革命の第2段階として，流通業者，商業者，とりわけ，大規模小売業者による小売PB商品の本格的な展開によって始まったのである[3]。そして，それに輪をかけたブランド流通革命の第3段階のネット通販流通革命が，現在，急激に発展し，日本の流通を革命的に変革しているということになるのである[4]。

日本がブランド社会に入ってから幾久しい現在でも，ブランドというといまだ「ルイ・ヴィトン」「コカ・コーラ」といったような認識をしている人が多いが，実は，多種多様なブランド商品がブランド流通革命を起因したのである。ブランド商品という情報付きの商品がマーケティングという新しい企業行動を生み出したが，同時にモノ商品の時代の流通を大きく変革，あるいは，消

滅させ，新たなブランド商品の流通を生み出すというブランド商品流通革命をもたらしたのである。その結果，消費者はブランド商品の指名買いをするようになるとともにセルフサービスによって買物をするようになったのである。このブランド流通革命は日本をはじめとした先進国だけではなく，発展途上国を含め世界中の流通に大きなインパクトを与えている。換言すれば，ブランド商品流通革命はグローバルに進行している静かな革命である。ブランド商品の出現と発展によってブランド企業が変わり，その流通が変わり，そして消費者の買物行動までが変わり，これらブランド商品を巡るすべての関係者の合作としてブランド商品流通革命が起こり，進行しているのである。

ブランド商品流通革命によって，流通のリーダーシップはかつての卸，問屋といった流通業者から生産者，製造業者，メーカーへと代わった。厳密にいえば，ブランド所有者であるブランド企業へと代わったのである。それとともにブランド自体も分化し，MB商品とPB商品とにカテゴリーが分かれたが，多くの者がMB商品とPB商品の両者について厳密な区分けをすることなく，他方，PB商品は急速に発展し，MB商品との垣根を超え，ボーダレス化を始めている。「無印良品」がその先駆的ブランドであるが，ここにきて，すでに論じたように[5]アマゾンによる「プライベートブランドストア」の立ち上げにみられるように，PB商品が特定の商業者のチェーン店舗での販売から拡大し，第2，第3の「無印良品」が出現しようとしている。

また，元来，ブランド商品ではなく，モノ商品を均一価格で販売していた100円ショップもブランド流通革命の大きなうねりの中で，生き残りをかけて，PB商品の創造，開発を始めている。

二次産品に遅れはしたが，三次産品としての無形商品であるサービス商品にもブランド化の急速な進展があり，それは，時間的にみれば，ブランド流通革命の第2，第3段階とかなりオーバーラップしたものではあるが，第4段階のブランド流通革命，すなわち，（本書でサービスのストアPB商品としてその一端を論じた）サービス・ブランド商品流通革命がすでに進展しているのである。

そのほかにもこれまでブランド化から取り残され，その多くがモノ商品とし

てみなされてきた農産物などの一次産品にも特許庁による商標の改正から地域団体商標制度が生まれ，また，農林水産省からは地理的表示保護制度が提案され，ブランド商品化が押し進められてきている。したがって，政府の後押しもあり，今後一次産品のブランド商品化が拡大し，ブランド流通革命の一翼を担うこととなるであろう。換言すれば，標準化，ブランド主体の明確化，等々の課題が多くあるとはいえ，この新しい動きがブランド流通革命の第5段階の一次産品のブランド流通革命にまで発展するかもしれない。それが実現すればまさに長い間二次産品だけであったブランド商品が三次産品のサービスばかりか一次産品にまで拡大するということを意味するものである。同時に，これまでモノ商品としての農産物という一次産品を支配していた卸に当たる農協の解体へと導くかもしれない。

　最後に，ブランド流通革命は多くの技術革新とともに進展してきたものである。鉄道，道路，郵便，小包といったインフラの発展，大量生産の開始と発展，パッケージング（個別包装）の進展，印刷媒体，電波媒体，インターネットという情報媒体の発展などであり，今後とも新たな技術革新が生まれ，ブランド流通革命が永続的に進展していくであろう。たとえば，これまで物販であった書籍や音楽がネットで情報として配信されることを皮切りに，3Dプリンターのより一層の発展により，一部の商品は情報として配信されるようになるという可能性もあり，商品流通が一変する日が来るかもしれない。さらには，ドローンがより一層発展し，商品配送という新たな機能を果たし，物流が大きく変わり[6]，新たなブランド流通革命を起こすことも十分に考えられる。

　ブランド流通革命は，詳細にみればかなりな温度差はあるが，卸・小売の機関や業態を問わずすべての流通業者に大きなインパクトを与えている。本書で論じたように，究極的には，ブランド流通革命とはこれまでモノ商品の時代に卸が握っていた商品の価格決定権と利益配分権をめぐって，MB商品のブランド企業，PB商品の大手小売企業，ネット通販業者などが新たな覇権を求めた革命である。この革命は，最終判断者である消費者の評価と支持を勝ち得た企

業，すなわち，第1段階のブランド商品流通革命における生産者，製造業者，メーカー，第2段階のPB商品流通革命における総合スーパー，コンビニ，量販店，等々，そして，第3段階のネット通販流通革命における大手ネット通販業者などが成功裏に引き起こした3つの段階にわたる流通革命であり，それらは現在でも引き続き継続している。したがって，現在はまさにブランド流通革命のまっただなかにあるといえるのである。

　いずれにせよブランド商品が消費者の評価と支持を得ている限り，ブランド流通革命は永続するであろう。一方，安心，安全で商品の比較選択の省略ができ，常にある一定以上の満足を保証してくれるブランド商品に多くの消費者が慣れ親しんだ結果，ブランド流通革命は消費者の評価と支持を得続け，第4段階のサービス・ブランド商品流通革命，第5段階の一次産品のブランド流通革命と続々と新たな革命を迎えるかもしれない。ブランド商品に対するブランド企業の不断の努力と消費者のあくなき欲望とには限界がないことから，この革命は止まることなく永続し続けることになるであろう。

　したがって，ブランド流通革命によって，今後，モノ商品の流通におけるシェアはますます低下し，ほとんどの商品がブランド商品にとって代わられることになるであろう。日本の流通は紛れもなく，今まさに終わりのないブランド流通革命の時代にあるのである。

---

1. 梶原勝美「再考：マーケティング生成論〈補遺〉」社会科学研究所月報No.605, 2013年11月。
2. 同上。
3. PB流通革命については，本書第Ⅲ章「PB（プライベート・ブランド）流通革命」。
4. 本書第Ⅳ章「ネット通販流通革命」。
5. 梶原勝美「PB（プライベート・ブランド）流通革命」専修大学商学研究所報第46巻第5号，pp.1-37, 2014年
6. 政府は2015年12月15日，地域を絞って規制を緩める国家戦略特区に千葉市を指定し，小型無人飛行機（ドローン）を使った宅配ができるようにすると発表し

た。アマゾンが参入する方針で，3年以内の事業化をめざしている。実現すれば，世界初となる可能性がある。朝日新聞デジタル　http://headlines.yahoo.co.jp/hl?a=20151215-00000028-asahi-bus_all（2015年12月16日，閲覧）。

事　項　索　引

〔あ行〕

IT化の進展 …………………………… 24
アイテムPB商品 …………………… 87
アイテム（品目）・ブランド ………… 19
アウトレット ………………………… 172
アウトレットモール ………………… 173
アパレル・メーカー ………………… 34
アパレル量販店 ……………………… 166
アメリカのPB商品 ………………… 78
暗黒大陸 ……………………………… 51
EC（電子商取引）…………………… 117
eストア・ブランド ………………… 123
eブランド …………………………… 123
一次産品 ……………………………… 16
一次産品のブランド流通革命 ……… 184
一ブランド一価 ……………………… 130
一般商品 ……………………………… 100
一般ブランド ………………………… 20
一般ブランド商品 ………………… 11, 21
一品もの …………………………… 57, 58
イミテーション・ブランド商品 …… 22
医療ブランド ………………………… 29
インターネット ……………………… 117
インターネットの出現と発展 ……… 118
売手である商人 ……………………… 13
エアリズム …………………………… 94
衛生管理 ……………………………… 155
SCM（サプライ・チェーン・マネジメント）
　………………………………………… 145

NB（ナショナル・ブランド）……… 74
MB 'Maker Brand'（メーカー・ブランド）
　商品 ………………………………… 41
MB商品 …………………………… 15, 42
MB商品の卸PB商品化 …………… 100
MB商品のPB商品化 ……………… 36
MB（メーカー・ブランド）商品 … 15, 42
OEM生産 …………………………… 79
オーダーメイド ……………………… 57
オサイフ携帯 ………………………… 44
押し売り ……………………………… 52
オムニチャネル ………………… 133, 136
オムニチャネル戦略 ………………… 132
卸 …………………………………… 13, 35
卸PB商品 …………………………… 74
卸PB商品のMB商品化 …………… 100
オンラインスタイルコンシェルジュ
　………………………………………… 129

〔か行〕

外食産業 ……………………………… 95
外注 …………………………………… 61
買物代行 ……………………………… 50
買物難民 ……………………………… 137
買物の楽しさと便利さ ……………… 53
価格 …………………………………… 46
科学，技術の発展 …………………… 22
価格競争力 …………………………… 121
価格決定権 …………………… 8, 60, 75
価格交渉 ……………………………… 8

価格志向	22, 85	小売PB商品のデメリット	76
価格情報機能	130	小売PB商品のメリット	76
価格の再提示	172	小口配送	121
価格破壊	166	コスト・カット	175
家具量販店	168	コスト・パフォーマンス	98
革命	182	古代社会	13
カタログ通販	132	国家ブランド	29
家電量販店	26, 158	コピー商品	136
カメラ量販店	158	コピー・ブランド商品	55
玩具量販店	168	個別PB商品	85
規格化	13	個別ブランド商品	86
企業家精神	148	コモディティ化	22, 159
企業ブランド	19, 93	コンビニ	155
企業ブランド化	47	コンビニエンス・ストア	3, 49
擬似ブランド	27		
技術のイノベーション	22	〔さ行〕	
規模の経済性	9		
共同PB商品	85	サービス商品	16, 183
均一化	13	サービスのストアPB商品	95, 183
グローバル企業ブランド	21	サービス・ブランド商品	58
グローバル・ストアPB商品	95	サービス・ブランド商品流通革命	183
グローバルPB商品	110	サイト	122
グローバル・ブランド	32	再販制	130
経済のサービス化	95	再販制度	157
芸術的な価値	17	酒量販店	163
限界卸	143	サブPB商品	90
限界業者	103	産業革命	9
限界小売業者	146	産業資本の時代	70
限界小売店	50	産地ブランド	27
高度経済成長期	142	時価	58
購買経験	103	時間管理	155
購買代行者	105	『システム時代の流通』	2
効用	53	下請け	61
小売	13	指定日，指定時間配送	134
効率のいい小売経営	155	自動販売機	42
小売の閉店，廃業	45	老舗	80
小売PB商品	51, 74	老舗百貨店	149
		社会的分業	181

事項索引　189

シャッター通り	49, 146
ジャパン・ブランド	30
自由化	133, 163
小規模の店舗	155
商業資本の時代	70
商業のネットワーク	119
商号（トレードネーム）	11
醸造ブランド商品	11
商店街	146, 156
商人	3
商人の役割	3
消費者行動	12
消費者にとってネット通販のデメリット	126
消費者にとってネット通販のメリット	125
消費者の評価と支持	11
消費者満足	155
商標（トレードマーク）	11
商標の改正	183
商標法	10
商品企画力	84
商品情報	102
商品知識	46
商品特性	21
商品ブランド	19, 94
商品流通の短縮化	122
商品流通のリーダーシップ	44
情報化社会	11
情報価値の付加	173
情報産業化	155
情報消費	11
情報商品	8
情報の発信	32, 102
消滅小売業者	146
商流機能	47
商流の迅速化と双方向性	118
ショールーミング	129
職人生産	13
職人生産品	57
植物工場	30
ジョバー	98
ショッピングセンター	152
新規参入	39
新製品	10
垂直統合	70
スーパーマーケット（総合スーパー 'GMS'）	3, 49, 50, 150
ステルス・マーケティング	127
ストアPB商品	85
ストアPB商品とは	91
ストア・ブランド	33, 93
ストア・ブランド商品	167
ストア・ブランド・ロイヤリティ	148
スポーツ・ブランド	29
生協	46
生産者	3, 60
政治ブランド	29
西漸運動	11
製造業者	3, 60
製造者	83
製造者ブランド	101
製販ダブル・ブランドPB商品	85
製販同盟	51, 85
セルフサービス	3, 49
セルフセレクション	3, 49
セレクトショップ	86
全国市場	11
選択の自由	54
専門家	105
専門店	69
総合スーパー	3, 146
総合スーパー（GMS）	150
総代理店	41

総代理店契約 …………………………… 41
送料無料 ………………………………… 134

〔た行〕

第4段階のサービス・ブランド商品
　　流通革命 ………………………… 185
第5段階の一次産品のブランド流通革命
　　………………………………… 185
大学ブランド …………………………… 29
代金決済の多様化 …………………… 135
対面販売 ………………………… 3, 146
大量広告 ………………………… 21, 26
大量消費 ………………………………… 10
大量生産 ……………………… 9, 10, 26
大量販売 ………………………………… 26
大量流通 ……………………………… 2, 10
宅配業者 ……………………………… 118
単独の通販サイト …………………… 122
単独PB商品 …………………………… 85
単品管理 ……………………………… 155
地域限定のPB商品 …………………… 107
地域団体商標 ………………………… 28
地域ブランド ……………………… 27, 29
地方ブランド ……………………… 28, 29
チャネル戦略 ………………………… 44
チャネルの再構築 …………………… 130
超ブランド商品 ……………………… 57
地理的表示保護制度（GI）…………… 31
追随ブランド商品 …………………… 22
通信販売 ……………………………… 118
低価格競争 …………………………… 97
低価格仕入 …………………………… 103
低価格大量仕入れ …………………… 158
低価格大量販売 ……………………… 158
低価格販売 …………………… 103, 121, 163
定価販売 ……………………………… 151
定義 ……………………………………… 19

ディスカウンター ……………… 157, 158
ディスカウント価格 ………………… 157
ディスカウント・ストア …………… 50
手作りの味 ……………………………… 17
テレビショッピング ………………… 119
電子マネー ……………………………… 44
伝統の卸 ……………………………… 8, 102
伝統の小売 ………………………… 50, 103
伝統的な商人 …………………………… 9
伝統的な特約店制度 ………………… 165
伝統的な流通組織 ……………… 40, 182
伝統的な流通パターン ……………… 151
伝統的流通組織 ………………………… 9
店舗販売 ……………………… 119, 121
統一PB商品 …………………………… 85
統一PB商品とは ……………………… 88
当日配送 ……………………………… 133
ドラッグストア ……………… 146, 161
取引条件 ………………………………… 46
トリプル・ブランド表示 …………… 19
ドロップ・ショッピング …………… 126
ドローン ……………………………… 184

〔な行〕

ナショナル・ブランド ……………… 29
二重価格 ……………………………… 164
ニセ・ブランド商品 ………………… 171
偽物 …………………………………… 173
日常品 ………………………………… 155
日本的取引慣行 ……………………… 166
日本特有の流通 ……………………… 166
ネット空間 …………………………… 121
ネットコンビニ ……………… 131, 148
ネットスーパー ……………………… 131
ネット通販 …………………………… 50
ネット通販業者 ……………………… 122
ネット通販デバイデッド …………… 127

ネット通販とは ………………………… 120
ネット通販のインフラ ………………… 120
ネット通販のデポ ……………………… 156
ネット通販流通革命 ……… 53, 117, 137
ネット百貨店 …………………………… 131
ノー・ブランド商品 …………………… 32

〔は 行〕

パイオニア・ブランド ………………… 22
配給制度 ………………………………… 163
配送センター …………………………… 47
量り売り …………………………… 8, 146
パソコン ………………………………… 117
パッケージ化 …………………………… 45
バブル期 ………………………………… 149
バブル崩壊 ……………………………… 149
林周二 …………………………………… 2
販売革命 ………………………………… 10
販売経路 ………………………………… 151
販売者 …………………………………… 61
販売者・製造者（製販ダブル・ブランド）
 ………………………………………… 102
販売者単独PB商品 ……………………… 85
販売者ブランド ………………………… 102
販売のノーハウ ………………………… 46
販売免許制度 …………………………… 163
販売リスク ……………………………… 75
BOP 'Bottom of Pyramid' マーケティング
 ………………………………………… 56
PB商品 …………………………………… 42
PB商品流通革命 ………………………… 70
PB（プライベート・ブランド
 'Private Brand'） ……………………… 73
PB（プライベート・ブランド）商品
 ……………………………… 35, 42, 69
ヒット商品 ……………………………… 170
ヒートテック …………………………… 94

100円ショップ ………………………… 3
百貨店 …………………………………… 84
標準化 …………………………………… 13
品質管理 ………………………………… 32
品質保証 ………………………………… 82
不効用 …………………………………… 53
物流機能 ………………………………… 47
物流専業 ………………………………… 47
物流センター …………………………… 47
不当表示 ………………………………… 125
不特定多数の消費者の登場 …………… 12
富裕層 …………………………………… 56
ブラトップ ……………………………… 94
ブランド・イメージ …………………… 130
ブランドが消滅ないしブランド力が
 急落する …………………………… 20
ブランド・カテゴリー・キラー ……… 25
ブランド企業 ……………………… 3, 7, 35
ブランド企業中心の卸と小売の再編成
 ……………………………………… 44
ブランド企業の販売代理店化 ………… 49
ブランド・クライシス ………………… 125
ブランド志向 ……………………… 22, 55
ブランド指名買い ……………………… 148
ブランド社会 …………………………… 7
ブランド商品 …………………………… 1, 7
ブランド商品の端緒 …………………… 14
ブランド商品の評価 …………………… 52
ブランド商品の流通 …………………… 3
ブランド商品流通革命 …… 8, 10, 26, 60
ブランド情報機能 ……………………… 103
ブランド・ショッピング ……………… 55
ブランド・スイッチ ……………… 22, 104
ブランド創造力 ………………………… 84
ブランドネーム ………………………… 92
ブランドの情報機能 …………………… 53
ブランドの情報機能一覧表 …………… 37

ブランドの生成とは	15	最寄品	155
ブランドの創造	102		
ブランドの創造,展開の開始	12	〔や行〕	
ブランドの創造と展開	10	焼印	14
ブランドの定義	16	薬事法	160
ブランド・マーケティング	7	安売り店	158
ブランド・メーカー	34	ヤミ再販	158
ブランド流通革命	174	ヤラセ	136
ブランド流通革命の時代	185	翌日配送	133
ブランド流通革命の第5段階の一次産品のブランド流通革命	32	〔ら行〕	
ブランド力	24	ライセンス供与	41
ブランド・ロイヤリティ	11	ライセンス生産	109
プリペイド・カード	44	ライフスタイル	24, 117
フリース	94	リアル世界	121
プロダクト（製品）	2	リアル店舗	132
平成不況	85	リージョナル・ブランド	32
保証情報	55	利益配分権	60
補助機能	47	理想の買物手段	121
		理想の商品流通	121
〔ま行〕		『流通革命』	2
マーケティング	7	『流通革命新論』	2
無印の商品	13	流通革命論	10
無店舗	121	流通機関	39
メーカー	9, 60	流通企業のストア・ブランド	19
メーカーの卸化	36	流通機能	36
メカニズム	21	流通業者	8
メカニズム商品	100	流通業者の販売代理店化	44
メカニズムとは	23	流通近代化	182
メカニズム・ブランド	20	流通構造	12, 39, 131, 182
メカニズム・ブランド商品	11, 21	流通構造の変革	122
メカニズム・ブランド商品の興亡	24	流通行動	131, 182
メカニズム・ブランドの変遷	25	流通再編	44
目利き	39, 105	流通支配の強化	143
モール型通販サイト	122	流通の客体	174
モノ商品	1	流通のリーダーシップ	8
モバイル	117	流通マージン	9

量販店	69, 157
ローカル・ブランド	28, 29
ローカル・ブランド商品	27
ロゴ	92
ロジスティックス	133
ロジスティックス・システム	134
ロングライフ商品	170

〔わ行〕

| ワン・ストップ・ショッピング | 155 |

企業・店舗索引

〔あ行〕

アイリスオーヤマ	100, 144
アカチャンホンポ	89
アップル	100
アマゾン	108, 168
アルペン	97
イオン	81, 88
イオングループ	88, 90
イケア	168
イズミヤ	90
伊藤園	83
イトーヨーカドー	87
いなげや	88
ウォルマート	61, 79
ABCマート	107
エノテカ	163
大分県魚業協同組合	30
オートバックス	97
大間漁業協同組合	30
オムニ7	139
オンワード樫山	47, 48, 83

〔か行〕

カインズ	168
カインズホーム	97
花王	45
価格.com	130
カクヤス	163
カシオ計算機	100
カスミ	88
片岡物産	143
カミ商事	123
クラウン	81
クロスカンパニー	86
国分	47, 48, 82
コメリ	168

〔さ行〕

サークルKサンクス	90
佐川急便	133
酒のスーパータカギ	163
酒のすぎた	163
サントリー	83
サントリー酒類	88

サントリービール……………… 88
サントリーフーズ……………… 83
三陽商会……………… 109, 143
シアーズ・ローバック……… 70, 79
JFR オンライン……………… 131
ジェイド……………………… 129
静岡県経済農業協同組合／
　静岡県茶商工業協同組合…… 30
私鉄系スーパーマーケット8社…… 90
島忠…………………………… 168
しまむら……………………… 167
ジャパネットたかた………… 170
スタートトゥデイ…………… 128
スリーエフ…………………… 90
成城石井……………………… 108
西武そごう…………………… 89
西友……………………… 79, 81
セシール……………………… 170
セブン＆アイグループ……… 81
セブン-イレブン…… 19, 52, 110, 152, 156
セリア………………………… 91
ソニー…………………… 21, 123
ソニーストア………………… 123

〔た行〕

ダイエー…………………… 81, 88
大創産業……………………… 89
大丸百貨店…………………… 80
タイヤ館……………………… 93
高島屋オンラインストア…… 131
武田薬品工業………………… 80
DCM ホールディングス……… 168
トイザらス…………………… 168
東急ハンズ……………… 108, 168
トヨタ自動車………………… 21
ドン・キホーテ………… 97, 168

〔な行〕

ナイキ………………………… 83
ニトリ………………………… 168
日本生活協同組合…………… 80
日本郵便……………………… 133

〔は行〕

パナソニック………………… 21
ビックカメラ………………… 159
ビームス……………………… 129
100円ローソン……………… 89
平林設計事務所……………… 143
ファーストリテイリング…… 51
ファミリーマート…………… 90
フジ…………………………… 90
藤桂京伊……………………… 163
プライベートブランドストア
　……………………… 108, 183
フランフラン………………… 168
ブリヂストン………………… 93
本田技研工業………………… 21

〔ま行〕

松下電器産業………………… 158
マツモトキヨシ……………… 107
マルエツ……………………… 88
ミスターマックス…………… 97
三井農林……………………… 83
ミニ・ストップ……………… 88
無印良品……………………… 167
明治屋………………………… 82
メーカー直販サイト
　エルモアいちばん便……… 123

〔や行〕

ヤオコー……………………… 90

ヤナセ ……………………………… 143
ヤフー ……………………………… 171
ヤフーショッピング ……………… 123
ヤマダ電機 …………………… 97, 159
ヤマト運輸 ………………………… 133
やまや ……………………………… 163
雪印乳業 …………………………… 27
ユナイテッドアローズ ………… 87, 129
ユニー ……………………………… 90
ユニクロ ………………………… 94, 167
ヨドバシカメラ …………………… 159
養老の瀧 …………………………… 96
ヨークベニマル …………………… 89

〔ら行〕

ライフ ……………………………… 90
楽天 ………………………………… 124
楽天市場 …………………………… 122
リカーマウンテン ………………… 163
良品計画 …………………………… 81
ローソン …………………………… 90
ロコンド …………………………… 129
ロフト ……………………………… 89

〔わ行〕

ワールド …………………………… 83

ブランド名索引

〔あ行〕

アーバックル ……………………… 78
アイフォーン ……………………… 100
アイボリー ………………………… 15
アダバット ………………………… 83
アパホテル ………………………… 96
アパマン …………………………… 96
あまおう …………………………… 28
アマゾン …………………………… 123
荒磯だより ………………………… 90
アリナミンA ……………………… 160
アンタイトルメン ………………… 83
あんだんすー ……………………… 108
アン・ページ ……………………… 79
いいちこ …………………………… 29

イオン ……………………………… 52
イケア ……………………………… 34
伊勢丹 ………………………… 19, 52
イトキン …………………………… 47
ウォークマン ……………………… 20
エイブル …………………………… 96
エトワールカイト ………………… 109
MKアルジェラン ………………… 107
エルモア …………………………… 123
お〜い，お茶 ……………… 12, 34, 83
OLの味方 ………………………… 83
大間まぐろ ………………………… 28
オンワード …………………… 35, 166
オンワード樫山 …………………… 47
オンワード樫山の組曲 …………… 109

〔か行〕

カシオ	100, 123
カシオ・エクシリム	100
ガスト	95
かっぱ寿司	95
キッコーマン	15, 20
ギネス	15
ギャップ・キッズ	93
近大マグロ	30
グッドデイ	87, 106
組曲	48
くらしのベスト	90
くら寿司	95
グレートバリュー	61, 79
グンゼ	166
ケルヒャー	120, 170
ケンタッキー・フライド・チキン	95
神戸ビーフ	30
幸楽苑	95
CO-OP生協バター	80
コカ・コーラ	11
国分	47
こくみトマト	30
コダック	20
ゴディバ	143

〔さ行〕

サイゼリア	95
サムスン	22
ザラ	94
サンキスト	11
サントリー・ボス・カフェラッテ	19
サンヨー	35, 47
シアーズ	79
シアーズのテレビ	79
シークァーサー	108
JCペニーのテレビ	79
ジェーン・バーカー	79
塩野義	80
CGCオーガニック	90
CGCプライム	90
静岡茶	28
自然のあしあと	90
シボレー	15
ジム・ビーム	14
シャノアール	95
純シャリ	90
情熱価格	97
庄や	95
食彩鮮品	90
ショッパーズプライス	90
シンガー	11
神内和牛あか	30
スーモ	96
すき家	95
スコッティ	16
スシロー	95
スターセレクト	90
スターバックス	95
スワロー	96
セービング	81
セオリー	107
関サバ	28
セブン-イレブン	19, 52
セブンゴールド	89
セブンプレミアム	74, 81
セブンプレミアム SUNTORY THE BREW ノドごしすっきり	88
セリーヌ	143
ゾゾタウン	123
ソニー	19
ソニーのブラビア	22

〔た行〕

ダイエーみかん …………………… 81
ダイソン …………………… 120, 170
高島屋 …………………………… 52
武田 ……………………………… 80
断然お得 ………………………… 90
茶葉　お～いお茶 ……………… 83
つるまるうどん ………………… 95
適量適価 ………………………… 90
デニーズ ………………………… 95
天下一品 ………………………… 95
東横イン ………………………… 96
トップバリュ ……………… 74, 81, 88
ドトール ………………………… 95
トヨタ …………………………… 19
トロージャン …………………… 80

〔な行〕

ナイガイ ……………………… 166
ナイキ ……………………… 34, 83
ナショナルスタンダード ……… 107
ナビスコ ………………………… 15
日東紅茶 ………………………… 83
NET限定 ………………………… 87
ノキア …………………………… 24

〔は行〕

バーバリー ………… 109, 143, 166
ハーレイ・ダビットソン ……… 25
はいっ！よろこんで!! ………… 96
博多一風堂 ……………………… 95
白鹿 ……………………………… 15
白洋舎 …………………………… 96
パナソニック …………………… 19
パナソニックのビエラ ………… 22
はなまるうどん ………………… 95

バリューライン ………………… 89
パンテーン ……………………… 56
ファミマ・プレミアム ………… 107
ファミリーマート ……………… 52
ファミリーマートコレクション … 90
Vパック ………………………… 90
Vパックゴールド ……………… 90
Vマーク ………………………… 91
Vマークバリュープラス ……… 91
フェラーリ ……………………… 25
深谷ねぎ ………………………… 28
福助 …………………………… 166
ブブ（BUBU） ………………… 81
ベビー・ギャップ ……………… 93
ペプシ・コーラ ………………… 23
ベンツ ………………………… 143
ポラロイド ……………………… 24

〔ま行〕

マクドナルド ……………… 16, 95
マック …………………………… 59
松坂牛 …………………………… 30
松屋 ……………………………… 95
丸亀製麺 ………………………… 95
ミズノ …………………………… 88
三越 ……………………………… 52
みなさまのお墨付き ………… 106
ミニミニ ………………………… 96
宮崎ブランド …………………… 27
ミューチュラ …………………… 83
昔の大地 ………………………… 90
MUJI …………………………… 81
無印良品 …………………… 33, 81
モス ……………………………… 95

〔や行〕

やなぎ爪楊枝 …………………… 16

雪国まいたけ	30	ルートイン	96
雪国もやし	30	ルック	166
雪印	27	ルル	160
ユニクロ	19	レナウン	47, 109, 166
養老ビール	96	ローソン	52
ヨーカドー	52	ローソン極（きわみ）	107
吉野家	95	ローソンセレクト	90
		ローレックス	25

〔ら行〕

ライカ	25	〔わ行〕	
楽天市場	123	ワールド	35, 47, 109, 166
ラッキー・ストライク	15	ワコール	166
龍角散	160	和民	95
ルイ・ヴィトン	12	笑笑	95

アルファベット索引

Another Edition	87	F.E.Clark	98
A&P	70, 79	Flehmen	87
AQ.	97	FSTYLE	90
BOSS	34, 83	GAP	51, 93, 167
BUSKER'S	97	GAP Inc.	93
CAINZ	97	GMS	3
CGC	90	graceful day	87
CGC 'Co-operative Grocer Chain'	90	Green Parks	86
COOLZ	97	H&M	94, 167
COOP	11	Hawkins	107
E hyphen world gallery	86	HERB Relax	97
E hyphen worldgallery BonBon	86	HIS	34
earth music & ecology	86, 87	HISTORY	97
ehka scopo	87	IGNIO	97
EMS	100	iPod	24

アルファベット索引

IRIS OHYAMA	144	Premium Label	87
Japan Label	87	Produced for DISO JAPAN	89
Jewel Changes	87	RCA	20
K&K	48, 82	Re:Bonne	87
Kid's	87	Red label	87
Kiwa Sylphy	87	Samansa Mos2	87
KOE	87	SC	152
L' ATELITER FENETRE	87	SCENT OF Varo	87
LG	22	Seria Color the Days	91
Lugnoncure	86	SEVENDAYS=SUNDAY	87
Maison de FLEUR	87	SPA	93
Men's	87	Special Edition	87
Men's Violet Label	87	Style ONE	90
MK customer	107	Te chichi	86
MrMax	97	TOPVALUE select	107
MY	83	UNITED ARROWS	87
Natural Label	87	VANS	107
NATURAL LAWSON	107	VICS	160
NUOVO	107	Violet Label	87
OEM	35	WEAR	129
P&G	56	White Label	87
P. D. Converse	78	YECCA VECCA	87
POS	155	ZARA	167

著者略歴

梶 原 勝 美（かじはら　かつみ）

慶応義塾大学商学部卒，慶應義塾大学大学院商学研究科博士課単位修得
専修大学専任講師，同助教授，同教授（現在）
主要研究業績
単著:『ブランド・マーケティング研究序説Ⅰ』『ブランド・マーケティング研究序説Ⅱ』『ブランド・マーケティング研究序説Ⅲ』
共著:『現代の流通政策』
翻訳書:P.D.コンバース著『アメリカマーケティング概説史』『マーケティング学説史概論』，D.Jラック著『製品政策入門』，E.C.バースク著『マーケティング・ケーススタディ』，ホーキンス，パス著『英国ビール産業発展史』
論文:「再校:マーケティング生成論」など多数

ブランド流通革命（りゅうつうかくめい）

2016年4月21日　初版第1刷発行

著　者 Ⓒ	梶　原　勝　美（かじ　はら　かつ　み）	
発行者	菅　田　直　文	
発行所	有限会社 森山書店	東京都千代田区神田錦町 1-10林ビル（〒101-0054） TEL 03-3293-7061 FAX 03-3293-7063　振替口座 00180-9-32919

落丁・乱丁本はお取りかえ致します　印刷／製本・シナノ書籍印刷

本書の内容の一部あるいは全部を無断で複写複製することは，著作権および出版社の権利の侵害となりますので，その場合は予め小社あて許諾を求めてください。

ISBN 978-4-8394-2157-1